"十四五"普

U0692880

形式美学
创新设计教程

陈岚 著

中国纺织出版社有限公司

内 容 提 要

本教程共分六章，内容包括设计与形式设计、形式设计的基本方法、图形的特殊生成方法、对称与密铺、数学与设计、创新思维与数字化设计。本教程重视创新思维和创新实践能力的培养，体现了设计教育对创新的重视，同时倡导知行合一，采用理论结合实践的教学方式，结合传统形式设计中大量案例，旨在循序渐进地提升读者平面和空间设计的实践能力。

本教程适合作为高等院校设计类专业的教材，也可以作为设计理论研究者、设计工作从业者参考阅读书目。

图书在版编目（CIP）数据

形式美学创新设计教程 ／ 陈岚著 ． -- 北京：中国纺织出版社有限公司，2025.6． -- （"十四五"普通高等教育部委级规划教材）． -- ISBN 978-7-5229-2720-6

Ⅰ．B83；J06

中国国家版本馆 CIP 数据核字第 20256LT594 号

责任编辑：朱昭霖　　责任校对：寇晨晨　　责任印制：王艳丽

中国纺织出版社有限公司出版发行
地址：北京市朝阳区百子湾东里A407号楼　邮政编码：100124
销售电话：010—67004422　传真：010—87155801
http://www.c-textilep.com
中国纺织出版社天猫旗舰店
官方微博http://weibo.com/2119887771
天津千鹤文化传播有限公司印刷　各地新华书店经销
2025年6月第1版第1次印刷
开本：787×1092　1/16　印张：7.5
字数：127千字　定价：49.80元

前　言

如何才能创造出优秀的产品？战国时期的《考工记》中写道："天有时，地有气，材有美，工有巧。合此四者，然后可以为良。材美工巧，然而不良，则不时，不得地气也。"优秀的产品需要创新设计，实现创新设计需要多个条件，《考工记》时代的人们已经意识到这一点，创造出优秀的产品不仅需要天时和地利，还需要材料和工艺。

党的二十大报告指出，坚持创新在我国现代化建设全局中的核心地位，要激发全民族文化创新创造活力。创新成为未来发展的关键点，也是设计教育的核心目标。

现今，人们更加认识到创新在设计中的价值，培养创新能力已成为设计教学的重要目标之一。形式美学不仅存在于产品和工艺之中，还存在于数学和科学之中。同时，日新月异的数字化设计工具带给形式美学深远且广泛的影响。因此，未来优秀设计师也应掌握相关的数学知识与数字化设计工具。

本教程采用理论结合实践的教学方式，倡导知行合一。每节内容除了基础知识，还包含应用案例、课堂练习和提示模块：应用案例举例说明本节主要知识点的应用情境，课堂练习通过动手实践促进学习者加深理解并学以致用，提示模块用来强调课堂练习的关键知识点。

创新与传承是密不可分的，传统文化和工艺中包含大量丰富的设计思想、设计方法和设计案例。学习和借鉴这些文化遗产，有助于创新思维和创新产品的产生。基于上述观点，本教程融入了大量中国传统设计的应用案例，以期实现立足传统进行创新的设计理念。

本教程共分六章，内容包括设计与形式设计、形式设计的基本方法、图形的特殊生成方法、对称与密铺、数学与设计和创新思维与数字化设计。第一章简要地介绍了设计和形式设计的基本概念、流程、方法，以及传统形式审美的基本法则。第二章简要地介绍了平面和空间图形的组织方式，传统平面和空间图形的生成方式，以及网格系统的基本知识和价值。第三章简要介绍图底关系与正负形、视觉双关、视错觉和共生图的基本知识及在设计领域中的应用。第四章简要介绍了对称，四种基本的对称变换，对称在单独图案、带状图案和块状图案中的应用，图形密铺的基本知识，以及图形密铺在平面设计领域中的应用。第五章简要介绍了平面几何中的比例、黄金比例、圆锥曲线在设计中的应用，几种常见空间几何体和空间解析几何知识在设计中的应用，拓扑几何和分形几何的基本知识及其在设计中的初步应用。第六章简要介绍了创新思维的基本知识和常用方法、创新灵感的来源总结、数字化基本知识、数字化设计基本流程以及数字化工具在设计领域中的应用与未来发展。

本教程每章的开始部分设置了学习目标和重难点，每章的结束部分设置了本章小结和关键词，并且教程每章均设有本章作业。学习目标阐明本章学习的若干具体目标，使学习了解内容概要；重难点阐明本章学习的重点和难点，让学习者有的放矢；本章小结简要总结本章主要的学习内容，方便学习者回顾和复习；关键词提醒本章学习者需要掌握的关键概念；本章作业用于巩固本章所学的知识、技能和方法。本章作业包括设计练习题、项目实践题和思考与讨论题三种。设计练习题用于巩固本章所学的基本知识和技能；项目实践题通过精心设计的项目，引导学习者熟悉解决实际问题的基本过程和方法；思考与讨论题用于加深学习者对本章所学知识的理解和掌握。

陈岚

2025 年 1 月

目　录

第一章
设计与形式设计　　001

第一节　设计基本知识　　002
第二节　元素、流程和风格　　004
第三节　传统形式美学思想　　007
第四节　形式审美法则　　009
本章作业　　014

第二章
形式设计的基本方法　　015

第一节　图形组织方式　　016
第二节　图形生成方法　　020
第三节　网格系统　　027
本章作业　　032

第三章
图形的特殊生成方法　　033

第一节　图底关系与正负形　　034
第二节　视觉双关设计　　036
第三节　视错觉　　038
第四节　共生图　　040
本章作业　　045

第四章
对称与密铺　　　　　　　　　　047

第一节　对称与设计　　　　　　　048
第二节　连续对称变换　　　　　　054
第三节　密铺与设计　　　　　　　059
本章作业　　　　　　　　　　　　067

第五章
数学与设计　　　　　　　　　　069

第一节　几何与平面设计　　　　　070
第二节　平面解析几何的探索　　　073
第三节　几何与空间设计　　　　　075
第四节　空间解析几何的探索　　　080
第五节　拓扑与分形几何　　　　　084
本章作业　　　　　　　　　　　　087

第六章
创新思维与数字化设计　　　　　089

第一节　创新思维方法　　　　　　090
第二节　创新灵感的来源　　　　　093
第三节　数字化基本知识　　　　　101
第四节　数字化与设计流程　　　　104
本章作业　　　　　　　　　　　　107

参考文献　　　　　　　　　　　　109

致　谢　　　　　　　　　　　　　113

第一章
设计与形式设计

【学习目标】

1.了解设计与形式设计的基本概念；

2.掌握形式设计的基本元素、流程和风格；

3.了解传统美学思想；

4.掌握形式美的基本法则。

【重难点】

1.形式设计的基本知识；

2.形式美的基本法则。

第一节　设计基本知识

设计在《现代汉语词典》中解释为："在正式做某项工作之前，根据一定的目的要求，预先制定方法、图样等。"设计在这里既可以作为动词使用，也可以作为名词使用。当设计作为动词时，它包含计划、规划等含义；当设计作为名词时，它又具有方案或规划的含义。

除了人们熟知的平面设计、工业设计、家具设计、景观设计和建筑设计，设计还应用在很多其他行业之中，如软件设计、工程设计、商业服务流程设计等。设计已经成为很多行业中的一个关键内容，尤其是众多的创意产业。

对于不同行业来说，设计的具体流程有所不同，每个行业都有其特有的实施环节。同时，它们均具有一定的共性。设计需要创意，它与创新有密切的关系。本教程关于设计的概念，主要是指高等教育中各设计学科中所包括的"设计"含义。

在《现代汉语词典》中，形式是指"事物的形状、结构等"。根据这一定义，"形式设计"就可以定义为解决形状和结构相关问题的活动、过程、能力或思维方式。

形式设计属于设计概念范畴的子集，具有特定的应用范围。

人类自从学会使用工具，便开启了形式的创造之旅。早期人类在岩石、地面上、甚至面部或躯体上画一些特殊的图案和符号。现代的大地艺术、稻田的图案、传统戏曲脸谱（图1-1）均可以看作早期人类岩画和文身的延续。这些图形所表现的主题大多源于日常生活，反映了人类的精神世界。

早期人们搭建了近似圆锥、半球、长方体形式的简易住所，制作出不同形状和尺寸的石制工具，用泥土烧制出各种储物或取水的陶器。一些人还收集并加工各种材质

图1-1　戏曲脸谱

的珠子、贝壳、织物茎叶等，用于装饰自己。

早期人类制作的器物的形式较为简单，随着制作工具的改进、制作技术的提高，器物的形式和类型越来越多。制作者在构思、设计、制作和修改器物的过程中，不断积累经验和技巧。这些经验和技巧形成了形式设计的一些初步方法，这些方法和技巧也是未来创新设计的基础。

传统的形式设计方法从最初的简单模仿，逐步扩展到了组合、分割、删减、叠加、变形及抽象等较为复杂的方法，形式设计的过程逐步规范并向着标准化的方向发展。设计来自实际的需求，用于解决用户的真实问题。因此，设计要从用户的需要出发，依据所使用材料、掌握的制作工艺来完成产品。同时，产品需要根据用户的反馈进行调整。现今的设计行业依然遵循上述设计方法与流程，并不断对其进行优化。

随着科学与技术的快速发展，新的设计方法和技巧也逐渐出现，需要设计行业的从业者们了解和掌握。

艺术同样源于人类的生存需要，原始人类在世界各地创造了数量众多的艺术作品。早期的岩画同样可以看成一种艺术形式，有些海报、家具、日用品也被人们当作艺术品收藏，有些艺术家也从事平面设计、家具设计和工业设计等工作。由此可见，艺术与设计具有一定的共性。

艺术与设计有相同点，也有不同点。设计有其自身的特性，设计并不等同于艺术。从设计和形式设计的定义来看，设计具有明确的目的性和规划性，设计需要满足用户的需求。艺术具有一定的主观性，艺术重视表现，设计与交流相关，需要通过交流了解设计目标，而设计目标来自用户的需求。

需求满足分为两个部分，或者说两个层次：功能性满足（物质满足）和情感性满足（精神满足）。设计需要满足物质和精神两个方面，优秀设计师不仅能够满足物质层次，还可以满足精神层次。艺术只关注精神方面的满足。因此，从目标和需求的角度，艺术与设计（包括形式设计）有着本质的区别。

不仅艺术影响着设计，技术同样深刻影响着设计。虽然技术与设计没有直接的联系，但技术影响着设计产品的功能、工艺和制作流程，因此技术也间接地影响着设计活动，包括形式设计。

设计不仅受到技术的影响，也从技术思想中汲取营养。技术和艺术一样，也是设计的灵感之源。因此有人认为设计是艺术世界和技术世界之间的桥梁或黏合剂。

深刻影响现代设计教育的德国包豪斯学院，最早提出了将艺术与技术融合在设计之中。包豪斯的设计课程体系直到今天还影响着设计教育的发展。

课堂练习1-1：设计、艺术与科学

1.准备白纸、铅笔和橡皮擦等材料和工具；

2.分别写出设计、艺术和科学相关词；

3.用概念图或思维导图，建立三者的联系；

4.总结设计、艺术和科学的关系；

5.小组讨论，课堂发言，修改总结。

提示：采用思考、总结和讨论的方式理解基本概念。

第二节　元素、流程和风格

形式设计的基本元素包括点、线、面，它们组合起来构成了丰富多彩的图形世界。点、线、面也是几何中的基本元素，它们在数学中是抽象的概念，有着较为严谨的定义。在形式设计中，点、线、面则有着更为宽泛的含义。

在形式设计中，点具有丰富的内涵。点具有不同的形状、尺寸和风格。即使同样的点，因为在图形中所处位置不同，所起的作用和表达的含义也完全不同。多个点组合起来，采用不同的聚集方式，可以表达出丰富多样的含义。点不仅是形式设计的基本元素之一，也是构成线和面的基础。

线指线段，线段由点组成，不同类型的点组成不同类型的线段。线段既有长度，也有宽度。线段还有直线段和曲线段，虚线段和实线段。相比直线段，曲线段显得更加生动活泼。线段的这些属性代表了不同的风格。中国传统的书法艺术充分体现了线段的魅力，不同特点的线段构成了不同风格的书写风格。不同的线条和不同的宽度不仅能反映出某种设计风格，还能表达出某种内在气质或精神（图1-2）。

图1-2　古代书法

如果将点或线段从小到大或从实到虚进行排列，将会产生一种渐变效果。点和线段的混合使用将会产生更多的变化效果。

点组成了线段，线段组成了面。面常被分为平面和曲面，平面和曲面产生不同的设计风格。

空间图形由平面或曲面构成，可以分为几何体和空间体两种类型。几何体具有实体的概念，通常被赋予质量、体积和密度的属性，可以通过触觉感知。空间体不具有实体的概念，通常被赋予容积、框架、明暗等属性。不仅光线可以进入空间体，人也可以进入大的空间体，建筑学也被认为是研究空间的学科。几何体和空间体都可以通过各种组合方式，形成新的空间图形。如果对二者的表面赋予各种色彩和肌理，就形成了现实生活中随处可见的、丰富多彩的实体或空间形态。

在设计领域中，不同的点之间可以进行组合，通过位置的变化形成新的图形。不同的线，同样可以根据位置进行组合，形成新的图形。点和线段的组合构图可以形成一些常见的、简单的几何形状，这些常见的几何形状常被称为基本图形、基本图案或基本图元。

设计的基本元素包括了点、线、面。此外，由点和线构成的文字成为平面设计的关键要素。文字可以高效地传达信息，同时可以给人带来美的视觉享受。字体设计也是传统平面设计专业必须掌握的基本技能。文字、图案及二者的组合成为早期平面设计的关键。

以英文字母为例，平面设计将英文字母分为"无衬线字体"和"有衬线字体"两大类。两种类型的字体分别承担了不同的作用。例如，20世纪40年代开始流行的瑞士国际主义平面设计风格，采用"无衬线"字体、网格系统、非对称的图文组织形式。

汉字与英文字母不同，它是由偏旁和笔画等若干基本单元组成。其中，偏旁和笔画也是由特定的点和线构成。汉字经历了甲骨文、金文、篆书、隶书、草书、楷书、行书等几个演化和发展阶段。最早的成熟汉字体系是殷商时期的甲骨文，这些文字刻在龟甲或兽骨上，金文主要指刻在青铜器上的文字，其后陆续出现了篆书、隶书、草书、楷书和行书，上述几种字体构成了传统的七种汉字字体。为了适应印刷技术的出现，一些新的字体应运而生，宋体、仿宋体、黑体是其中的典型代表（图1-3）。

隶　书　ALGERIAN
楷　体　Bauhaus 93
宋　体　Magneto
黑　体　Jokerman

图1-3　中英文字体

课堂练习 1-2：体验设计元素

1. 准备白纸、铅笔、直尺、圆规、橡皮擦等材料和工具；

2. 分别画出若干不同风格的点、线段、面和文字；

3. 用上述点、线段、面和文字绘制 2~3 幅草图；

4. 对比所绘制的 2~3 幅草图，分析并总结图形组成规律。

提示：采用实践、总结和讨论的方式理解概念。

设计的基本流程一般包括需求定义、概念形成、模型制作、模型测试、模型修改等环节。在模型样品最终确定后，开始进入产品或项目的制作或建造的流程。

需求定义是设计流程的第一步，也是设计的起点，设计的核心是满足客户的需求。

对于大多数的设计项目而言，起源于20世纪40年代的人机工程学系统阐述了需求中的各种要素，通过揭示和运用人、机、环境三者相互作用的规律，达到人、机、环境系统整体性能的最大化，使设计师能够创造出更安全、更人性化以及更易理解、使用和维护的产品。

概念形成是设计流程的第二步，也称为创意形成、原型设计等。设计师分析客户需求后，需要形成一个初步的解决方案，即概念方案。这个阶段可以是设计师的个人行为，也可以通过头脑风暴等小组讨论方式，形成初步的解决方案。

为了将设计师头脑中的概念具体化，设计师需要将草图绘制出来，或将模型制作出来，从而将大脑中形成的概念表达出来。不同行业的模型也各不相同，对于平面设计相关的产品来说，模型是一幅手绘或计算机绘制的草图，草图快速记录并表达了设计师的初步设想。对于工业设计相关的产品而言，模型可能是手工制作的实物模型或3D打印机生成的特殊材料模型。

模型制作完成后，设计师需要对其进行系统而全面的测试。根据测试过程中发现的问题，对原有的模型进行修改。同时，依据测试、分析、讨论的结果，对模型最初的设计概念进行调整、修正和优化。

课堂练习 1-3：图书装帧设计

1. 选择一本通识教育课程教材；

2. 分析该教材的用户群体特点和使用情况；

3. 分析同类教材的装帧设计特点；

4. 总结需求分析流程，写出总结报告。

提示：设计的宗旨是解决用户的问题，需求分析是设计的起点。

对于平面设计而言，风格由点、线段、字体等基本设计元素确定。不同类型的点、线段和字体构成了不同的设计风格。

人类社会早期的"设计作品"或"制作物品"，一般可以分为自然和几何两种不同的风格。自然风格的作品或物品是以模仿自然为主要特征，几何风格的作品或物品多采用简单的几何形状进行装饰。自然风格和几何风格均出现在中国早期陶器装饰图案中，现在的设计师依然在选择这两种风格进行产品设计。

自然风格和几何两种风格的应用并不是泾渭分明和互相隔绝的。恰恰相反，很多设计师在自然风格的设计中融入部分几何元素，反之亦然，这种做法使所设计的产品更加丰富生动，更具吸引力。

设计师根据用户的需求，可以有意识地选择不同的设计风格，通过平面和空间的各种表现手法满足用户的需求。

课堂练习 1-4：探索设计风格

1. 准备白纸、铅笔、橡皮擦、直尺、圆规、三角板和量角器等材料和工具；

2. 分别选择自然和几何两种风格，设计本课程标志；

3. 对比两种不同风格的课程标志；

4. 总结风格对于设计的影响。

提示：设计风格由设计元素的不同组合所决定。

第三节　传统形式美学思想

美学思想作为一种文化现象，受到所处社会的政治、经济、教育、习俗、信仰的广泛影响。不同的地域文化形成了不同的美学思想，形式美学也不例外。

中国传统形式美学思想根植于几千年的发展历史，随着社会的变迁不断发展变化。不同的发展阶段，形式美学均有所不同，特定阶段流行的文化思想是形式美学的土壤。传统形式美学思想虽然在不断变化之中，但一些文化思想始终影响着传统形式美学。这些文化思想包括古代宇宙观、儒家文化、本土或外来的宗教文化、民间的吉祥文化等。这些文化思想交织在一起，共同推动着传统形式美学思想的形成。

"天圆地方"是中国古人对于宇宙的认识。例如，新石器时期良渚文化遗址出土的玉琮为内圆外方的柱状形态；从秦代的半两钱到清代的铜钱，钱币多为外圆内方的形态；明清时期建造的天坛和地坛，同样呈现内圆外方的规划布置。古代的礼器、钱币和建筑均受到古代宇宙观的内在影响。

传统的儒家文化对中国社会人们的物质和精神生活有着深远的影响。中国传统造物思想中包含了大量儒家文化的思想观念。这些以"礼制"为中心的儒家思想观念从上而下影响着中国传统形式美学。成书于战国时期的《周礼·考工记》中记载："匠人营国，方九里，旁三门。国中九经九纬，经涂九轨，左祖右社，面朝后市，市朝一夫。"直至明清时期的宫殿建造，依然沿袭着《周礼·考工记》所描述的都城的建造规范。

佛教、道教、基督教和伊斯兰教等宗教文化也影响着中国建筑、服饰、织物、家具、瓷器的设计。一些传统的经典纹样来源于宗教文化，这些纹样经常用在节庆、祝寿或祭祀时的器物上，承载永享吉祥的美好祝愿，如盘长纹、双胜纹、太极纹等。

外来文化也对传统形式美学产生了影响。例如，古代波斯文化中的织锦纹样、金银器形态、服饰的样式均为中国传统形式美学注入新的元素。

吉祥文化是民间传统文化的集成，融合了儒家文化、宗教文化、外来文化中代表幸福、喜庆、健康、平安等的元素。吉祥图案是吉祥文化的具体体现，多采用象征和比喻的手法，表达了人们对美好生活的期望。

"吉祥"意味着吉利、幸运的意思，最早出自《庄子·人间世》。庄子在这篇文章中写道："虚室生白，吉祥止止。""虚室生白"表达的意思是空的房间才显得敞亮，如果房间堆满了东西，有光亮也透不出来。"吉祥止止"表达的意思是喜庆好事不断出现。

吉祥图案是吉祥文化在视觉上的集中体现。吉祥图案从周代开始出现，明清两代尤为盛行。这一时期的吉祥图案形式多样，内容丰富，成为影响形式审美的主要因素。

吉祥图案广泛应用于建筑、家具、日常用品、服装、年画、剪纸以及其他各类民间艺术中。有些吉祥图案被单独使用，更多的情况是组合使用，用来表达人们的美好祝愿。

图1-4为一幅典型的传统吉祥图案，图案由三部分

图1-4 吉祥图案

组成，上部为两只飞翔的蝙蝠，中部由两枚铜钱组成，下部由一个变形的"寿"字图案组成。整个图案为反射对称形式，蝙蝠、铜钱、寿字、吊坠图案也呈反射对称形式。图案的整体和部分均呈对称形式，体现了传统吉祥图案和谐统一的形式美感。

传统吉祥文化中，蝙蝠代表了福气，钱币代表了发财，寿字代表了长寿。通过将代表不同寓意的图案元素组合在一起，表达了最多样的美好祝愿。

课堂练习1-5：吉祥用语与图案

1.准备白纸、铅笔、橡皮擦、直尺、圆规、三角板和量角器等材料和工具；

2.写下3~4组吉祥用语；

3.绘制熟悉的吉祥图案；

4.总结吉祥文化的特点及应用。

提示：吉祥图案广泛应用于现代设计产品中。

吉祥图案大多具有很强的象征性，通过人们共同认可的象征寓意，表达祈福避灾的美好愿望。从文化角度而言，不同的文化群体，对于相同图形的象征含义有不同的理解。

第四节　形式审美法则

不管东方文化还是西方文化，对于形式美的认识，均有一些共同认可的基本法则，这些基本的形式审美法则包括和谐、平衡、节奏、层次、情感等不同类型。设计和形式设计需要满足上述审美法则的要求。

形式审美法则具有层次性，基本的形式审美法则属于设计过程中需要注重的具体原则。此外，形式设计还需要总的审美法则，用于指导形式设计总体的审美方向。"统一与变化"是总的审美原则，对于形式设计至关重要。

佛香阁是北京颐和园的标志性建筑，为八面三层四重檐木结构，高约41米（图1-5）。佛香阁建在万寿山前山高20米的方形台基上，圆顶金碧，气势恢宏。佛香阁后面是一座五色的琉璃牌坊，是万寿山的顶端建筑，因整座建筑用砖石砌成，也称"无梁殿"。琉璃牌坊是万寿山的制高点，也是建筑群中轴线的终点。

图1-5　北京颐和园佛香阁

佛香阁是颐和园的主体建筑，以它为中心的建筑群严整而对称地向两翼展开，呈现整体对称形式。同时，局部的建筑并非完全对称。整个建筑群形成"统一与变化"的风格特点。

课堂练习1-6：体验统一与变化法则

1. 准备白纸、铅笔、橡皮擦、直尺、圆规、三角板和量角器等材料和工具；

2. 选择点、线段、圆形、三角形或正方形；

3. 将上述元素进行组合设计，满足统一与变化法则；

4. 分析并总结统一与变化法则的应用特点。

提示：统一与变化法则普遍应用于传统形式设计之中。

和谐法则也被称为统一法则，常被认为是评价形式美的首要法则。

设计领域中，和谐意味着"成比例"。数学上的比例与全等和相似的概念有关。遵循特定比例值所进行的设计，各组成部分的形状和尺寸的比例值均保持相等，即不同部分之间是"成比例"的。

对于设计师而言，比例是一个相对的概念。平面上的元素在观察者的眼中，尺寸大小是变化的。大小感觉取决于周围相比较的对象的大小、位置以及观察者的视角。民居建筑的窗户和门通常保持一定的比例关系，如果窗户或门的尺寸相比较整个建筑立面过大或过小，给人产生它们不成比例的感觉。从审美的角度，"成比例"充分体现了和谐。

虽然和谐（成比例）法则是设计师进行设计的一条美学准则，但不成比例有时也会被设计师们使用。现代的动物玩具或装饰品，动物头部和身体往往不成比例，这样的处理的方式突出了玩具可爱的特点。

课堂练习 1-7：探索和谐法则

1.准备白纸、铅笔、橡皮擦、直尺、圆规、三角板和量角器等材料和工具；

2.选择点、线段、圆形、三角形或正方形；

3.将上述元素进行组合设计，满足和谐法则；

4.分析并总结和谐法则的应用特点。

提示：设计中的"成比例"意味着"和谐"。

平衡法则会让人联想到物理学的平衡概念，平衡在物理学中代表一种状态，这种状态给人的心理带来某种安全感或平静感。如果天平两侧物体的重量相同，那么它们到天平中心的距离相等。处于天平两侧不同重量的物体，可以通过调节位置而处于平衡状态，从形式上看不一定是对称的，但给予人们心理上同样的平衡感受。从心理学的角度来说，这种安全感或平静感是令人愉悦的，也是让人乐于接受的，因此平衡法则被认为是形式审美重要法则之一。

平衡法则也常与几何中的"对称"概念相关联，形式设计中的对称包含多种类型，最为常见的是反射对称，也称镜像对称。

自然界的许多事物都近似具备镜像对称的属性，如人脸、展开翅膀的蝴蝶、枫树的叶子、水边树木和倒影等。镜像对称仅是众多对称类型中的一种，还有其他的对称类型，如各种形式的旋转对称或称辐射对称。旋转对称同样存在于自然界，如植物的花朵、海星等。

反射对称和旋转对称不仅存在于自然界，也存在于人造器物，如各种对称的产品标志、窗棂图案、建筑物装饰等。

课堂练习 1-8：探索平衡法则

1.准备白纸、铅笔、橡皮擦、直尺、圆规、三角板和量角器等材料和工具；

2.选择点、线段、圆形、三角形或正方形；

3.将上述元素进行组合设计，满足平衡法则；

4.分析并总结平衡法则的应用特点。

提示：平面设计中，"平衡"常常体现为"左右对称（镜像对称）"。

节奏法则通常与周期和韵律有关。太阳的东升西落、月亮的盈亏变化、潮汐的涨落都是自然界中存在的有规律的周期性现象。这种周期性出现和消亡现象，也存在于各种生物体的生命成长过程。例如，开花植物随着季节花开花谢。节奏、周期和韵律是生命力的一种体现，因此节奏法则也是形式美中重要的一项法则。

设计师常采用重复出现的方法设计图形，这样的图形具有节奏的美感。重复出现的单元图形大小可以相同，也可以逐渐变大或变小。渐变的单元图形序列产生一种无限放大或缩小的视觉效果。

课堂练习 1-9：探索节奏法则

1.准备白纸、铅笔、橡皮擦、直尺、圆规、三角板和量角器等材料和工具；

2.选择点、线段、圆形、三角形或正方形；

3.将上述元素进行组合设计，满足节奏法则；

4.分析并总结节奏法则的应用特点。

提示：在带状图案中应用对称变换，使整个图案具有节奏感。

层次法则的应用目标是突出重点，表达设计者的关注点和核心理念。平面设计的主要目的是传达信息，而组织信息的主要原则是"视觉层次"。平淡的设计作品不容易激发使用者的情感，减少了作品的吸引力。在设计过程中注重层次性可以给使用者带来更丰富的体验，更容易引起使用者的共鸣。

要使作品具有层次感，设计师可以采用强调的表现手法，通过位置、背景、尺寸的变化形成视觉焦点，实现层次法则。设计师也可以采用强调的表现手法，通过虚与实际、黑与白、直与曲、复杂与简单的对比形成层次感。

课堂练习 1-10：探索层次法则

1.准备白纸、铅笔、橡皮擦、直尺、圆规、三角板和量角器等材料和工具；

2.选择点、线段、圆形、三角形或正方形；

3.将上述元素进行组合设计，满足层次法则；

4.分析并总结层次法则的应用特点。

提示：强调与对比是实现层次感的有效方法。

情感法则具有较为宽泛的含义，内涵丰富。根据心理学家亚伯拉罕·H.马斯洛

（Abraham H.Maslow）的需求理论，人类的情感需求呈现金字塔形的层次级别，包含了寻求安全和自我满足等完全不同的等级层次。人类情感的类型远不止马斯洛需求模型中所总结的类型。新颖的事物会产生新奇的情感，不少设计师的作品以此为目标，满足用户好奇的天性。制作精美的玉器、外形别致的铜镜、颜色淡雅的瓷器都让使用者或观赏者产生喜爱的情感。这些器物给使用者或观赏者带来的不仅是实用功能的满足，还带来心理上的愉悦感。

> **课堂练习1-11：探索情感法则**
>
> 1.准备白纸、铅笔、橡皮擦、直尺、圆规、三角板和量角器等材料和工具；
>
> 2.选择若干手绘插图和照片图案；
>
> 3.选择合适的手绘插图和照片行组合设计，使作品分别体现出"欢乐"和"悲伤"的情感特征；
>
> 4.分析并总结情感法则的应用特点。
>
> **提示：幽默感也是设计中常常出现的审美法则。**

除了和谐、平衡、节奏、层次和情感等几种典型的形式美法则，不同的设计行业还有一些特殊的美学法则，这些细分的审美法则适合特定的行业要求。例如，传统园林与陶瓷用品具有不同的、细分的审美需求。传统园林的设计尺度与陶瓷用品的设计尺度有天壤之别，传统园林中的游客对于审美的体验要求也不同于陶瓷用品使用者。设计师在应用形式美的法则时，需要综合考虑共性和个性的需求。

此外，处于不同的文化背景和社会环境的群体有着不同的审美原则和心理，因此，形式美法则的讨论还需要考虑所处社会和文化传统的影响。

【本章小结】

第一节简要介绍了设计和形式设计的基本概念、形式设计与艺术、技术的相互关系。第二节简要介绍了形式设计的基本元素、实施流程和风格。设计元素部分着重介绍文字的作用和价值，实施流程部分着重介绍了文字在平面设计中的作用。第三节简要介绍了传统美学思想，重点介绍了吉祥文化在传统形式上的应用及影响。第四节介绍了传统形式审美的若干基本法则，这些审美法则明确了各类形式设计方法和手段的目标，也影响着人们的审美观念。

关键词

形式设计、设计元素、设计过程、设计风格、吉祥文化、审美法则

本章作业

一、设计练习

（1）设计一幅体现中国传统特色的吉祥图案，主题自选。

（2）设计一幅体现现代设计特点的图案，主题自选。

二、项目实践

小组合作设计一套宣传公共场所禁烟的公益海报。

（1）调研宣传对象，收集需求信息；

（2）分析收集到的信息，进行公益海报的概念设计；

（3）绘制海报草图，根据反馈意见进行修改；

（4）完成公益海报设计作品的制作；

（5）进行公益海报设计作品的展示、汇报与交流。

三、思考与讨论

（1）形式设计的基本元素、流程和风格包括哪些？

（2）形式设计美学的基本原则包括哪些？请举例说明。

（3）以蝙蝠（图1-6）作为设计题材，分析文化差异对设计的影响。

图1-6　蝙蝠

第二章
形式设计的基本方法

【学习目标】

1.掌握图形的组织方式及其特点；

2.了解空间图形的组织方式；

3.掌握平面和空间图形设计的常用方法；

4.理解网格系统的基本知识及其应用。

【重难点】

1.平面图形的组织方式；

2.网格系统在平面和空间设计中的应用。

第一节 图形组织方式

在中国传统形式设计中，平面图形常被称为图案或纹样，图案按照组织形式可以分为单独图案和连续图案两种类型。单独图案可分为自由图案和适形图案两种主要类型，而连续图案可分为带状连续图案和块状连续图案两种类型。当涉及中国传统形式内容时，主要使用图案一词。

自由图案是指没有限制条件的平面图形，自由图案可以是某种植物、动物、人物、器物的形状，也可以是某种几何图形或标志图形。自由图案可以是插画师的手绘作品，也可以是摄影师所拍摄的照片作品。有些设计师喜欢选用个性化的插画，有些喜欢使用具有纪实性的摄影作品。

适形图案又称适合图案、适形纹样，是指具有特定外部轮廓的图案，是中国传统图案中一种特殊图案组织方式。适形图案的外部轮廓形状有正方形、长方形、菱形、正六边形、圆形、半圆形、扇形等多种类型。在中国传统器物的制作中，由于器物轮廓形状各不相同，工匠们需要将图案与这些外形相适应，适形图案由此产生。

特定的外部轮廓图形给新图案的产生设定了框架和限制条件。适形图案要与特定的外形相适应，通过构思设计，使图案的形态、规格、内容都组成并融合成一个有机的整体。

【应用案例2-1】圆形瓦当图案

传统瓦当多为圆形或半圆形，瓦当上的图案属于典型的适形图案。图2-1为战国时期的圆形瓦当。瓦当上绘有两只张开大嘴的凶猛动物，两只动物形态生动，呈对称分布，动物的躯干、尾部和四肢根据圆形轮廓进行变形，通过扭曲的方式契合圆形的外部轮廓，形成圆形瓦当特有的风格。

图2-1 战国双兽纹瓦当

课堂练习2-1：设计适形图案

1.准备白纸、铅笔、橡皮擦、直尺、圆规、三角板和量角器等材料和工具；

2.选择圆形、三角形和正方形作为适形图案的外部轮廓；

3.自定主题，分别设计圆形、三角形和正方形适形图案；

4.展示设计作品，讨论并总结适形图案的特点和应用。

提示："随形变化"是适形图案最大的特点。

　　"开窗"是我国传统工艺中的一种装饰手段，常用于瓷器、漆器等器物的表面装饰，其来源与园林建筑中的花窗、景窗设计有关。开窗即将图案放在特定的形状之内，开窗图案也属于适形图案。这类图案的轮廓更加灵活，形式多样。轮廓不仅有圆形、正方形、长方形等常见形状，还有菱形、正六边形、正八边形、椭圆形、扇形、葵瓣形等较为特殊的形状。

【应用案例2-2】青花福寿纹双耳扁壶

　　图2-2所示的这件青花扁壶的瓶口绘有卷草纹、如意纹、缠枝西番莲纹等三层纹样，足部绘有卷草纹，瓶身中心是桃形的开窗图案，里面绘有两只蝙蝠和两个寿桃，寓意福寿双全。扁壶的图案设计构图严谨、重点突出、层次分明、疏密有致。瓷器开窗的部分突出了瓷器的主题寓意。

图2-2　青花福寿纹双耳扁壶

课堂练习2-2：设计角隅图案

1.准备白纸、铅笔、橡皮擦、直尺、圆规、三角板和量角器等材料和工具；

2.查阅传统角隅图案的应用案例，如建筑装饰、服装、窗花等；

3.模仿所学案例中的角隅图案，自定主题设计新的角隅图案；

4.展示设计作品，讨论并总结角隅图案的特点和应用。

提示：角隅图案也可以看作适形图案。

　　连续图案可分为带状连续图案和块状连续图案两种类型，多数连续图案的组成都是有规律的。例如，图案是由连续重复出现的单元图案组成，或者以某种特定的规律组合而成。在中国传统的图案设计中，这类有规律的带状连续图案也称二方连续图案，块状连续图案也称四方连续图案。

传统的二方连续图案是由单元图案沿着一条轴线在左右或者上下两个方向，按照一定的规律，连续重复形成的带状图案。

传统的二方连续图案广泛应用于传统建筑、园林、家具、织物、刺绣、服饰、瓷器、漆器、玉器、青铜器的装饰图案中，民间剪纸艺术中也可以发现大量的二方连续图案。

对称剪纸是现代剪纸中重要的一种类型，连续重复对折后再进行剪刻，可以制作出典型的二方连续剪纸图案。

【应用案例2-3】二方连续剪纸图案

图2-3中的剪纸采用对称剪纸的方法，通过二方连续重复形成有韵律的带状剪纸效果。

图2-3　二方连续剪纸

课堂练习 2-3：设计二方连续图案

1.准备白纸、铅笔、橡皮擦、直尺、圆规、三角板和量角器等材料和工具；

2.自定主题设计二方连续图案中的单元图案；

3.设计二方连续图案中相邻单元图案之间的连接方式；

4.完成二方连续图案的设计并展示设计作品；

5.讨论并总结二方连续图案的构成特点和应用。

提示：传统二方连续图案的巧妙之处在于相邻单元图案之间的连接方式。

传统的四方连续图案是由单元图案沿着左右和上下方向，按照一定的规律，连续重复形成的块状图案。四方连续图案的构成方式与二方连续图案原理相同但更为复杂，单元图案沿着两条轴线在四个方向发生变化。

传统的四方连续图案根据组织方式不同，还可以分为散点式、连缀式和重叠式三种不同的类型。

传统的四方连续图案广泛应用于传统织物、服饰、编织、漆器、陶瓷、建筑、园林、家具的装饰图案中，其中，在织物和编织中的应用尤为普遍。

万字锦四方连续图案是以传统的特殊符号——万字符为单元图案，向上、下、左、右四个方向连续重复构成。

【应用案例2-4】万字锦图案

图2-4中的万字锦图案由万字符单元图案四方连续而成，并且与边框呈45°角排列，连续不断地铺满整个平面。整个图案具有极强的节奏感，符合形式审美的基本规则。传统的万字符具有吉祥祝福的含义，寓意万福万寿绵长不断，成为传统形式设计中典型的四方连续图案。

图2-4　万字锦四方连续图案

课堂练习2-4：设计四方连续图案

1.准备白纸、铅笔、橡皮擦、直尺、圆规、三角板和量角器等材料和工具；

2.自定主题设计四方连续图案中的单元图案；

3.设计四方连续图案中上下和左右相邻单元图案之间的连接方式；

4.完成四方连续图案的设计并展示设计作品；

5.讨论并总结四方连续图案的构成特点和应用。

提示：传统四方连续图案巧妙之处在于单元图案之间的连接方式。

传统的二方连续和四方连续图案具有整体和谐、富有节奏、结构清晰等特点。连续图案在中国传统建筑、园林、古典家具、陶瓷、漆器、织物、服饰、地毯等领域均有广泛应用。

除了万字锦，传统的四方连续图案还有工字锦、八达晕锦、灯笼锦、龟背锦等。

创新并不意味着放弃传统，恰恰相反，传统是创新的基础之一，只有充分了解和掌握大量的传统形式知识，未来的设计师才可能有所创新。

空间图形也称立体图形，是二维图形（平面图形）的扩展，即由二维空间扩展到三维空间。

空间图形按照组织形式可以分为单独空间图形和组合空间图形两类。其中，单独空间图形分为不规则空间图形和规则空间图形。组合空间图形包括位置组合和连接组合两类空间图形。

不规则空间图形是指组织结构和形态上没有规律的空间图形，或者说尚未发现规律的空间图形。例如，自然界中的枯枝、岩石、山体、云层等均可以看作不规则的空间图形。不规则空间图形不仅广泛存在于自然界，还存在于很多人造器物中。在我们的世界里，不规则的空间图形占大多数，数量远远多于规则的空间图形。

规则空间图形与不规则空间图形对应，是指组织结构和形态上有规律的空间图形。简单的规则空间图形包括常见的各种多面体和球体。正方体和长方体是我们最为熟悉的规则空间图形，此外，各种棱柱、棱锥、圆柱、圆锥和球体均属于规则的空间图形。这些规则空间图形很早就被人们用于建筑、家具、器物的设计与制造之中。

球体也是人们熟悉的空间图形，数学中将球体定义为一个半圆绕直径所在直线旋转一周所形成的空间几何体。球体的表面是一个连续曲面，这个曲面被称为球面，球体的中心被称为球心。除了球体，圆柱、圆锥、圆台和圆环体等其他曲面几何体也比较常见。

课堂练习2-5：制作球体和半球体

1.准备金属丝、编织绳、钳子、剪刀等材料和工具；

2.分析球体和半球体的特点；

3.完成金属丝球体和半球体的模型制作并展示；

4.讨论并总结球体和半球体的特点。

提示：找出经过球体表面的最大直径的圆。

第二节　图形生成方法

平面图形常用的生成方法包括组合、合并、移除、分割和变形等方法。

组合方法是指利用多个单元图形，通过不同的位置变化形成新图形的一种方法。组合方法中的单元图形可以是形状相同的图形，也可以是形状不同的图形。组合方法不限于两个单元图形，多于两个的单元图形的组合，能够产生更多形式的新图形。组合方法产生的新图形，需要保持整体的一致性，有时组合的各个部分还需要进一步加工处理。

【应用案例2-5】甲天下瓦当

图2-5所示的甲天下瓦当为西汉时期陶制圆形瓦当，

图2-5　甲天下瓦当

其图案采用组合方法设计而成。瓦当中心为圆形凸起和一道圆环，上部左右排列着一马一鹿两只动物图案，马和鹿的形象生动，线条简练。下部绘制篆体的"甲天下"三个字。整个瓦当图案由文字和动物组合而成，构图均衡，形式和谐。

课堂练习2-6：探索图形组合方法

1. 准备板材（KT板、瓦楞纸板或较厚的卡纸板等）、铅笔、橡皮擦、直尺、量角器、美工刀、剪刀、切割垫板等材料和工具；

2. 用厚纸自制传统七巧板或十五巧板（益智图）；

3. 用七巧板或十五巧板，自选主题拼出各种图形并展示；

4. 结合拼图游戏，讨论并总结图形组合方法的特点。

提示：组合方法中，单元图形位置的变换会产生不同的组合图形。

合并方法是指两个或两个以上的图形，使它们的位置处于相交并将相交部分的轮廓线删除后形成新图形的方法。

【应用案例2-6】中国建筑学会会徽

图2-6是中国建筑学会会徽，它由斗栱和立方体图案组合而成。斗栱是我国传统建筑的一种典型构件，也是我国最早的建筑学术团体"中国营造学社"的标志，立方体图案代表了现代建筑技术。斗栱和立方体图案融合在一起，体现了传统建筑思想和现代建筑技术的融合。

图2-6 中国建筑学会会徽

课堂练习2-7：合并方法练习

1. 准备白纸、铅笔、橡皮擦、直尺、圆规、三角板和量角器等材料和工具；

2. 分别设计2～3个单独的简单图案；

3. 将上述2～3个简单图案相交并部分重叠在一起；

4. 将重叠的线段进行擦除，形成新的组合图案并展示；

5. 讨论并总结图形合并方法的特点。

提示：图形合并方法中，通常采用先重叠，再将整体合并的方式。

移除方法是指将基础图形的一部分消除或移走，从而形成新图形的一种方法。如果将组合方法看作一种"加法"操作，那么移除方法可以看作一种"减法"操作。

【应用案例2-7】秦半两钱

图2-7是秦国的半两钱，该钱币形制为圆形方孔，始铸于战国末期。"半两"二字分列钱币方孔左右，通常是右"半"左"两"。半两钱圆形方孔的形式便于携带和储藏，秦统一六国后成为全国统一货币。

图2-7　秦半两钱

课堂练习2-8：移除方法练习

1. 准备白纸、铅笔、橡皮擦、直尺、圆规、三角板和量角器等材料和工具；

2. 设计一幅单独的简单图形；

3. 采用移除方法产生新的图形并展示；

4. 讨论并总结移除方法的特点。

提示：一些现代企业标志的设计中，经常采用移除的方法。

分割方法是指使用直线段或曲线段，将基础图形划分成不同的部分，从而生成新图形的一种方法。分割方法中的基础图形可以是正方形、长方形、圆形、椭圆形或任意图形，对于任意基础图形，进行有规律的划分，形成新的图形。

窗的装饰是中国传统建筑装饰的重要组成部分，用细的木条将窗面有规律地分割，形成人们俗称的窗棂图案。这些图案构思巧妙，美观大方，古朴雅致，寓意丰富。

【应用案例2-8】"一码三箭"窗棂

图2-8是我国传统的"一码三箭"窗棂，横向由三组木条组成，每组包括距离较近的三根横木条组成；纵向由间隔均匀平行排列的木条组成，分别与三组横向木条垂直相交，将整个窗面分割成一幅有规律的几何图案。整个窗棂图案形似古代箭支插在箭囊里，因此称为"一码三箭"。

图2-8　"一码三箭"窗棂

课堂练习2-9：分割方法练习

1.准备白纸、铅笔、橡皮擦、直尺、圆规、三角板和量角器等材料和工具；

2.设计一幅的简单几何图形（正方形、长方形或圆形等）；

3.用直线或曲线对原图形进行分割，产生新的图形并展示；

4.讨论并总结分割方法的特点。

提示：分割方法也常用来生成各种网格系统。

　　变形方法是根据需要对基础图形的局部或整体进行放大、缩小或扭曲等修改操作，从而形成新图形的一种方法。夸张是图形设计中常用的一种表现手法，要实现夸张的艺术效果，往往需要对图形局部进行变形，目的是突出或减弱这部分的视觉效果。

　　中国传统年画中的童子形象，多采用变形和夸张的手法。童子形象的头部尺寸较大，头与身体不成比例。童子的脖子很短，四肢往往较短，与身体相比也不成比例。年画中童子的这种形象使作品洋溢着热闹喜庆的节日气氛。

　　【应用案例2-9】惠山泥人"大阿福"

　　图2-9是无锡惠山名为"大阿福"的泥塑人物。大阿福是惠山泥人的代表性人物造型，也是无锡的重要文化标志。大阿福采用变形的手法塑造，人物特点鲜明，头大，身体短粗，双手抱着一只怪兽，寓意守护孩童成长。

图2-9　惠山泥人"大阿福"

课堂练习2-10：变形方法练习

1.准备白纸、铅笔、橡皮擦、直尺、圆规、三角板和量角器等材料和工具；

2.设计一幅单独的简单图形；

3.采用夸张的变形方法产生新的图形并展示；

4.讨论并总结夸张变形方法的特点。

提示：变形方法不仅用在年画、陶瓷、日用品上，还应用在建筑设计上。

　　平面图形生成方法中的组合、合并、移除、分割和变形等几种常用方法，不仅可以单独使用，还可以综合应用，而且综合应用的方式往往能产生更多类型的新图形。

【应用案例2-10】中国文化遗产标志

图2-10是中国文化遗产标志。该标志为圆形适形图案，由文字、图案、几何图形组合而成，文字内容为"中国文化遗产"的中文和汉语拼音。标志中心为太阳的几何图案，周围环绕四只太阳神鸟图案。旋转的太阳和飞翔的鸟呈现出强烈的动感。标志构图严谨，和谐统一，寓意深刻。标志的灵感源于四川成都金沙遗址出土的太阳神鸟的金饰图案。

图2-10　中国文化遗产标志

课堂练习2-11：平面图形生成方法综合应用

1.准备白纸、铅笔、橡皮擦、直尺、圆规、三角板和量角器等材料和工具；

2.选择2~3种平面图形生成方法；

3.利用所选的2~3种方法进行平面图形设计；

4.完成图形设计并展示；

5.讨论并总结综合方法的应用技巧。

提示：灵活、综合使用各种方法是设计实践中的常态。

空间图形的基本生成方法包括组合、切割和变形三种。此外，密铺堆积（空间密铺）方法属于一种特殊的组合方法。平面图形的组合法是指利用多个基本平面图形，通过水平和垂直两个不同方向的位置变化形成新图形的一种方法。空间图形比二维的平面图形增加了一个维度，因此，空间图形的组合方法包括三个维度的变化，比平面图形的组合方法要复杂很多。

一些简单几何体可以看成由特定平面图形旋转后生成。例如，圆柱体可以看成长方形或正方形绕着中心轴线旋转而成，圆台体可以看成梯形绕着中心轴线旋转生成，圆锥体和球体分别由直角三角形和半圆旋绕中心轴旋转生成。

中国的传统建筑可以看成台基、屋身、屋顶三部分组成。等级较高建筑物的内外均进行大量装饰，而民间建筑则相对简单很多。传统建筑的空间形式"组合"建造不仅发生在竖向，还出现在横向。传统四合院民居是其中的典型代表，院落可以根据需要在平面上延展扩充。

【应用案例2-11】天坛祈年殿建筑

图2-11是北京天坛的祈年殿，该建筑是一座有鎏金宝顶的三重檐的圆形大殿，高约38米。大殿坐落在圆形汉白玉台基上，台基分3层，总高约6米，每层都有雕花的汉白玉栏杆。整座建筑由台基和圆形大殿建筑组合而成。

图2-11　天坛祈年殿

课堂练习2-12：探索空间图形组合方法

1.准备板材（KT板、瓦楞纸板或较厚的卡纸板等）、铅笔、橡皮擦、直尺、量角器、美工刀、剪刀、粘接材料（热熔胶枪、胶带纸、胶水或双面胶等）、切割垫板等材料和工具；

2.用板材自制索玛立方体；

3.用索玛立方体，自选主题拼出各种空间图形并展示；

4.结合空间拼图游戏，讨论并总结空间图形组合方法的特点。

提示：空间图形位置变化也将产生新的空间图形。

空间图形的切割方法可以用简单几何体为例进行说明，简单几何体也可以通过将简单几何体切割掉其中一个部分而产生。切割一个正方体，可以生成多种形式的立方体。同样，切割棱锥和圆锥，可以生成圆台和棱台。

【应用案例2-12】传统客家土楼建筑

图2-12是我国传统客家土楼建筑。圆形客家土楼是客家土楼的一种类型。圆形客家土楼的形态近似内部中空的圆柱体。客家土楼建筑不仅造型独特，而且具有独特的文化内涵。

图2-12　传统客家土楼建筑

课堂练习2-13：探索空间切割方法

1. 准备板材（KT板、瓦楞纸板或较厚的卡纸板等）、铅笔、橡皮擦、直尺、圆规、三角板、量角器、美工刀、剪刀、粘接材料（热熔胶枪、胶带纸、胶水或双面胶等）、切割垫板等材料和工具；

2. 用板材自制空间图形（如正六面体、球体等）；

3. 通过切割对正六面体进行重构；

4. 观察重构后的正六面体，总结空间切割方法的特点。

提示：不同材料的立方体，需要不同的切割方法。

简单组合体可以由两种方法产生，一种是通过简单几何体拼接而成，另一种方法可以通过"增加"或"减少"的方式生成新的几何体。

【应用案例2-13】上海中心大厦

图2-13是建成于2016年的上海中心大厦，主体建筑高632米，整体呈螺旋形，随着高度增加逐渐变得"扭曲"，这种空间形式不仅独具特色，还有利于这座超高层建筑抵御恶劣天气。

图2-13　上海中心大厦

课堂练习2-14：探索空间变形的方法

1.准备木条、板材（KT板、瓦楞纸板或较厚的卡纸板等）、编织绳、轻黏土、铅笔、橡皮擦、直尺、圆规、三角板、量角器、美工刀、剪刀、粘接材料（热熔胶枪、胶带纸、胶水或双面胶等）、切割垫板等材料和工具；

2.选择使用上述一种或多种材料，将其组成空间形态；

3.通过变形的方法，对上述空间形态进行重构；

4.观察重构后的作品，总结其特点。

提示：不同材料的立方体，需要不同的切割方法。

空间形式常用生成方法中的组合、合并、移除、分割和变形等方法，不仅可以单独使用，还可以综合使用，而且综合使用的方式往往能产生更多类型的新的空间形式。

第三节 网格系统

网格系统是设计中常用的工具，网格系统可以分为平面网格系统和空间网格系统。顾名思义，平面网格系统主要用于平面相关的设计领域，空间网格主要用于空间相关的设计领域。

平面网格的作用包括两个方面，一个作用是辅助规划构图的作用，另一个作用是作为一种类型的图案或图案的组成部分。

中国传统的土地划分、宫殿规划、窗棂制作均采用网格进行辅助。使用网格进行规划最早来自农田的规划，我国商代甲骨文中的"田"字就是一个典型的例子，甲骨文中的"田"字就是纵横交错的线条形成的网格形式。

"匠人营国，方九里，旁三门。国中九经九纬，经涂九轨。"这是《考工记》中对于都城与宫殿建造的描述。考工记中所记载的都城和宫殿的规划思想，从周代一直延续到明清故宫的建造。

传统窗棂的设计和制作既将网格作为辅助工具，也将网格直接作为简单的窗棂图案。几种较为简单的窗棂形式在民居建筑、园林和宫殿建筑中均可以看到。这几种窗棂是将网格作为图案的组成部分，通过网格形成有规律的变化，使整个窗棂图案富有节奏和规律。除了将网格作为窗棂图案的组成部分，有的窗棂将网格作为辅助设计的工具和骨架。

传统工艺中的印章图案、书法临帖、剪纸工艺中也采用了各种类型的网格。

网格系统在印章设计中起到两个作用。一方面，网格起辅助设计的作用，秦代印章普遍具有的界格说明了这一点。另一方面，网格是印章设计主体内容的组成部分，丰富了印章艺术的特性。

中国传统书法将"九宫格"作为临帖的辅助手段，书法中使用的九宫格中各小方格的形状均为正方形，小正方形的方格中常常用虚线画出两条相交的对角线，因此也称米字格。

从古代流传至今的剪纸艺术，常常使用网格剪出具有对称特点的剪纸图案，例如，最为人们熟悉的双喜剪纸图案就是采用网格，帮助剪纸艺人在纸上确定准确的剪切位置。

进入现代社会，平面网格系统在字体设计、标志设计、海报设计、广告设计、杂志版面设计、图书封面装饰、网页设计等领域得到了更广泛的应用，成了平面设计师们常用的设计手段。

平面设计师通过网格系统有效安排和组织平面媒体上的视觉元素，使其形成清晰易懂、和谐有序、层次分明的视觉图像。

摄影师在摄影构图中常采用"三分法"的网格辅助手段，即分别用两条横线和两条竖线将一个长方形或正方形在长和宽的方向进行三等分，在长方形或正方形的内部形成四个交点，整个长方形或正方形被分成了九个小方格。因此，"三分法"有时也被称为"九宫格法"。

摄影构图中使用的九宫格法与传统书法中所用的九宫格法类似。书法九宫格中的小方格一般要求是正方形。而摄影的九宫格中的小格可以是正方形，也可以是长方形。

【应用案例2-14】三分法构图

摄影构图中，摄影师常常将视觉焦点放在长方形内部某个交点上。图2-14显示了摄影师如何使用三分法进行构图，即将拍摄的焦点放置在内部的某个交点上。

不仅摄影师使用三分法，平面设计、数字媒体设计也常采用这一方法。此外，有些画家在构图时也会用到三分法，尤其风景画的创作过程中。

平面网格的形式也是多种多样的，除了常见的正方格、长方格及任意四边形方格作为基本单元的类型，网格单元也可以采用正三角形、任意三角形、正六边及其他曲面图形。

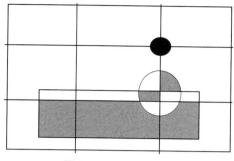

图2-14　三分法构图

课堂练习2-15：设计网格系统

1.准备白纸、铅笔、橡皮擦、直尺、圆规、三角板和量角器等材料和工具；

2.设计两种不同风格的网格，分别由直线和曲线组成；

3.使用两种不同类型的网格进行图案设计；

4.总结不同类型网格的特点。

提示：网格也可以看成一种密铺图形，可以借鉴密铺图形的生成方法。

　　类型多样的网格系统创造了更加丰富多彩的图案形式，帮助设计师实现更多有创意的解决方案。

　　空间网格系统的作用与平面网格系统相同，均对设计起到重要作用。平面网格系统应用于二维平面，而空间网格系统应用于三维空间。维度的增加也增加了应用的复杂性。

　　我们周围的建筑空间、室内家具、日常用品、交通工具均可看成一个由长度、宽度和高度组成的三维空间或实体，有效地使用空间网格系统，可以帮助设计师有效地创建新的空间或实物。

　　中国传统建筑和家具都极具特色，建筑和家具的结构多采用框架结构，这种框架结构就是典型的空间网络结构。

　　建筑的结构由柱、梁、檩条等木构件组成多个单元空间，这种建造方式形成了中国传统房屋建筑中"间"和"进"的概念。这些单元空间可以根据需要进行扩展，通常进行平面的扩展，形成了极富中国特色的院落体系。

　　组成框架结构的柱、梁、檩条等承担了建筑的承重功能，它们之间的墙壁仅起围护作用，俗语"墙倒屋不塌"即来源于此。为了扩大单元空间的应用面积，中国传统的建筑工匠们还发明了"减柱法"，即通过减少立柱的数量而扩大空间范围。减柱法是减少或移动部分内柱，使建筑室内空间更开阔，因此也称为"减柱造"。

【应用案例2-15】晋祠圣母殿

山西晋祠圣母殿始建于北宋，是古代大跨度建筑的典型代表。晋祠圣母殿的地基呈长方形，长31米，宽25米，大殿内部没有柱子。当年的建筑工匠使用减柱法，共减去了12根柱子。大殿历经千年，至今保存完整，成为我国宋代先进建筑技术的实例，图2-15为圣母殿的平面图。

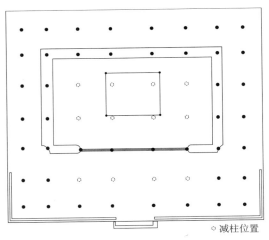

○减柱位置

图2-15 晋祠圣母殿平面图

课堂练习2-16：制作瓦楞纸家具

1.准备白纸、瓦楞纸板、铅笔、橡皮擦、直尺、圆规、量角器、美工刀、剪刀、粘接材料（热熔胶枪、胶带纸、胶水或双面胶等）、切割垫板等材料和工具；

2.设计瓦楞纸简易家具，如桌椅、沙发等，绘制设计草图；

3.制作完成瓦楞纸家具，根据反馈意见进行优化；

4.总结瓦楞纸和瓦楞纸家具的特点。

提示：注意瓦楞纸的材料属性对于作品的形态影响。

各种混凝土、钢材、玻璃等材料建造的，多呈长方体形态的高楼大厦曾是现代建筑的典型代表。这些现代建筑的支撑体系与中国传统建筑一样，均采用框架结构，都属于空间网格系统的应用。

采用空间网格的现代化建筑具有结构稳定、自重轻、空间分隔灵活、易于装配和施工的优点。受到现有建筑技术的制约，应用于建筑空间的网格单元多为立方体，为各种尺寸的立方体或正方体空间。

少数建筑也采用特殊的网格形式，我国南方地区的圆柱形土楼建筑，外观类似中空的圆柱形。现代建筑的一些桶状高层建筑与其相似，均可以看作圆柱形空间网格的应用案例。

【应用案例2-16】中银大厦

图2-16是位于中国香港地区的中银大厦，大厦于1989年建成，是香港地区著名的高层建筑物之一。大厦楼高315米，加顶上两杆的高度，共约367米。大厦由四个不同高度结晶体般的三角柱身组成。这座由玻璃幕墙与铝合金为材料的建造物体，体现了中国传统建筑理念和先进建筑科学技术的有机结合。

图2-16　香港中银大厦

课堂练习2-17：制作瓦楞纸建筑模型

1.准备白纸、瓦楞纸板、铅笔、橡皮擦、直尺、圆规、量角器、美工刀、剪刀、粘接材料（热熔胶枪、胶带纸、胶水或双面胶等）、切割垫板等材料和工具；

2.设计瓦楞纸简易建筑，绘制设计草图；

3.制作完成瓦楞纸建筑模型，根据反馈意见进行优化；

4.总结瓦楞纸和瓦楞纸建筑模型的特点。

提示：注意瓦楞纸的材料属性对于作品的形态影响。

【本章小结】

本章第一节简要介绍了平面和空间图形的组织方式，注重介绍传统平面图形中适形图案、二方连续和四方连续图案的特点。第二节较为系统地介绍了传统平面图形的生成方式和应用案例，简要介绍了空间图形的生成方式和应用案例。第三节介绍平面和空间网格的基本知识，以及在平面和空间形式设计中的应用。

关键词

图形组织、适形图案、二方连续图案、四方连续图案、图形生成方式、平面网格系统、空间网格系统

本章作业

一、设计练习

（1）自选主题，设计一个适形图案。

（2）自选主题，设计一个二方连续图案。

（3）自选主题，设计一个四方连续图案。

二、项目实践

小组合作设计一套陶瓷茶具。

（1）调研市场上流行的茶具产品（图2-17）；

图2-17　陶瓷茶具

（2）分析茶具的功能和形态需求；

（3）提出初步设计概念，进行可行性分析；

（4）分别制作茶具设计的数字模型和简易实物模型；

（5）展示、调研、改进设计模型；

（6）制作演示文稿，进行项目成果的展示、汇报和交流。

三、思考与讨论

（1）讨论各种平面图形生成方式的应用特点。

（2）为什么有人将"三分法"称为"黄金网格"法则？

（3）讨论空间网格结构在现代建筑设计中的应用特点。

第三章
图形的特殊生成方法

【学习目标】

1. 掌握图底关系（正负形）的基本知识；

2. 了解双关设计的特点，掌握双关的应用；

3. 了解视错觉基本知识及应用；

4. 掌握传统共生图形的设计方法。

【重难点】

1. 掌握正负形的特点及应用；

2. 掌握双关的特点及应用。

第一节　图底关系与正负形

"图底关系"是设计领域中一个重要的概念，它是指人们会将看到的物体分为前景和背景，人眼聚焦的前景为图形，简称图；背景为底面，简称底，二者的关系称图底关系。

图底关系中的"图"也称"正形"，背景称"负形"，"图底关系"也称"正负形"。

图底关系是平面设计中的一个重要概念，图底关系中的图形和底面一般需要有明确的区分，图形能够在底面上清晰地识别出来。如果图形不能从背景图中识别出来，在观察者的眼中，该图形并不存在。例如，如果图形和底面均是同一颜色，那么任何形状的图形均是看不见的。在二维平面上，图形和底面之间是相辅形成、相互界定的。

在有些情况下，图形和底面不容易界定，二者甚至可以相互转化。例如，非洲斑马的全身覆盖黑白相间的条纹，这些条纹既可以看成黑色的，也可以看成白色。条纹的颜色取决于观察者对于图底关系中"图"和"底"的不同选择。

图底关系可以分为明确型、双向型和多项型三种类型，具有这三种图底关系的图形在日常生活中都可以看到。

明确型的图底关系是指图底关系明确的类型，图形可以从底面上直接识别出来，不会产生歧义。道路交通标志的设计中，要求标志简单、醒目、易懂，不能有任何歧义。因此，道路交通标志属于图底关系中的明确型（图3-1）。

电动自行车行驶标志　　　　　电动自行车车道标志　　　　禁止电动自行车进入标志

图3-1　道路交通标志

双向型的图底关系是指图底具有二意性，即图和底均有明确的意义。观察者选择不同的视角，可以在图中看到两种不同的结果，也可以看成发生了图底反转。具有双向型"图底关系"的图形中，正形（图）和负形（底）可以根据观察者的视角变换，即图中的正形（图）和负形（底）发生了反转。其中，"鲁宾杯"图就是这类正负形图的典型代表，它是由心理学家埃德加·约翰·鲁宾（Edgar John Rubin）所绘制，如图3-2所示。

图3-2 "鲁宾杯"图

双项型的正负形图常用于海报设计、广告设计、标识设计、园林设计、建筑设计等诸多领域。应用这种类型的正负形图增加了作品的趣味性，给予观者更为深刻的印象。

多项型的图底关系是指图底具有不止两种的多意性。观察者选择不同的视角，可以在图中看到多种不同的结果。这些不同的观察结果交织在整个图形上，产生混合、复杂、变化的视觉效果。

图3-3 圣地亚哥动物园野生动物联盟标志

【应用案例3-1】标志设计

圣地亚哥动物园野生动物联盟是一个致力于保护和恢复生物多样性的国际性的非营利组织。联盟的标志设计将狮子、鹰和犀牛这三种的动物形象采用正负形的方式汇聚成圆形，表达了地球上生物的相互依存（图3-3）。

课堂练习3-1：设计正负形标志

1.准备白纸、铅笔、橡皮擦、直尺、圆规、三角板和量角器等材料和工具；
2.构思一幅呈现正负形的标志图案；
3.完成呈现正负形标志图案的草图设计；
4.总结正负形标志图案的特点。
提示：正负形图案设计在于图底关系和观察角度的变换。

青花瓷是中国瓷器史上知名的釉色品种，在元朝青花瓷达到鼎盛。青花瓷表面装饰有一种特殊的技法，这种装饰技法被称为"反青花"。这种反青花是双项型正负形在瓷器装饰设计上的体现。

一般的青花瓷器通常以白色为底，图案为蓝色。反青花将图底关系进行调换，形成了蓝底白花的特色。同时，不仅传统青花瓷中的留白部分形成了有意义的图形，正负形反转后的蓝色也形成另一幅有意义的图形。

【应用案例3-2】青花海水云龙纹扁瓶

图3-4为明代的青花海水云龙纹扁瓶，壶口及颈部四周绘卷草纹和缠枝莲纹，腹部图案为一条白龙在波涛汹涌的海中遨游。青花扁瓶的表面装饰分为两部分，壶口和颈部采用传统的白底青花方式，腹部采用反青花的装饰手法，利用留白表现出白龙的形象。

图3-4　青花海水云龙纹扁瓶

课堂练习3-2：制作正负形笔筒

1.准备白纸、卡纸板（或瓦楞纸板）、铅笔、橡皮擦、直尺、圆规、三角板、量角器、美工刀、剪刀、粘接材料（热熔胶枪、胶带纸、胶水或双面胶等）、切割垫板等材料和工具；

2.制作简易的圆柱形纸质笔筒；

3.将纸质笔筒的表面展开，绘制正负形图案；

4.完成笔筒模型的制作，观察笔筒表面图案；

5.总结正负形设计在圆柱形器物上的特点。

提示：圆柱形、圆锥或圆形器物表面也可以应用正负形设计。

正负形是平面设计表现手法中的一种，可以增加设计作品的趣味性，使其更具活力，更能吸引注意力。因此，现代宣传海报、平面广告、标志设计中经常能够发现正负形的应用。

类比平面中存在着正负形的图底关系，三维空间中也同样存在正负空间。人们一般将实体材料占据的空间称为正空间，而将实体所占空间的周围环境称为负空间。作为户外公式艺术装置的雕塑作品也常采用正负空间的设计，用来增加这些作品的趣味性。

第二节　视觉双关设计

视觉双关是指一个图形具有双重或多重含义，双关的设计会带来惊奇、喜悦和幽默的审美体验。

常用的视觉双关设计包括谐音双关和象征双关两种主要的类型。

谐音双关设计是利用谐音来表达含义，中国传统吉祥图案常利用谐音寓意双关。

人们将喜鹊看作带来好运的鸟类。喜鹊停留在梅树上的图案，表达"喜上眉梢"的吉祥含义，其中"喜"字由图案中的喜鹊代表，"眉"与"梅"同音，代表梅花的含义。

代表幸福的图案常常采用蝙蝠的形象，蝙蝠的"蝠"与"福"和"富"谐音。蝙蝠的数量经常采用一只、两只或五只，一只飞翔的蝙蝠寓意福到了，两只蝙蝠寓意福运双至，五只飞翔的蝙蝠寓意五福来朝。

【应用案例3-3】五福捧寿砖雕

图3-5是一幅五福捧寿砖雕图案，采用谐音双关设计，由五只蝙蝠构成，五只蝙蝠围成一个圆形，整个图案为五重对称的形式。在图案的中心处添加一个"寿"字，这个寿字也是轴对称图形，整个吉祥图案不仅表达了福的含义，同时表达了希望长寿的愿望。

图3-5　五福捧寿砖雕图案

课堂练习3-3：设计谐音双关的图案

1.准备白纸、铅笔、橡皮擦、直尺、圆规、三角板和量角器等材料和工具；

2.构思一幅谐音双关的吉祥图案；

3.完成谐音双关吉祥图案的草图设计；

4.总结谐音双关吉祥图案的特点。

提示：谐音双关是传统形式设计中常用方法。

象征双关是指利用具有象征含义的图案表达设计意图。例如，传统吉祥图案中表达祝寿主题的图案，常常采用人们熟悉的是寿星的形象。寿星在中国的传统神话中是长寿之神，又被称为南极老人星。除了寿星，民间传说中麻姑也是长寿的化身，因此麻姑献寿也是吉祥图案中常见的形态。

【应用案例3-4】鱼跃龙门砖雕

图3-6为鱼跃龙门砖雕，一条高高跃起的鲤鱼位于砖雕图案的上方，代表龙门的城门位于砖雕图案的下方。民间传说跃过龙门的鲤鱼会变成龙，寓意古代学子不畏艰险、勇往直前、力争科举及第的美好期盼。

图3-6　鱼跃龙门砖雕

课堂练习3-4：设计象征双关的图案

1.准备白纸、铅笔、橡皮擦、直尺、圆规、三角板和量角器等材料和工具；

2.构思一幅象征双关的吉祥图案；

3.完成象征双关吉祥图案的草图设计；

4.总结象征双关吉祥图案的特点。

提示：象征双关也是传统形式设计中常用方法。

视觉双关的实现有多种类型，包括谐音、象征、暗喻，以及图形和文字关联等方法，这些方法都需要设计者的巧妙构思。

第三节　视错觉

视错觉是当人观察物体时所形成的错误感知。视错觉的产生原因很多，有些是因为基于不当的参照物而产生，有些是基于原有经验，在客观因素干扰下对被观察图形所产生的，与客观事实不相符的错误的感觉。

视错觉现象有多种类型，有些是因为多个图形的特定位置排列而产生，有些是因为图形的特定变形而产生，还有一些是因为观察者的不同的观察视角而产生。

视错觉因其自身独特的艺术特征被应用到了大部分的设计领域，受到了各个领域设计师的青睐，设计师可以通过视错觉独特的表现形式获取更多的设计灵感。著名的平面设计师维克多·瓦萨雷里（Victor Vasarely）利用视错觉原理，设计出令人产生错觉的企业标志。

　　视错觉也被应用在了艺术领域，艺术家们利用视错觉原理创作了一些具有独特美感的作品（图3-7）。

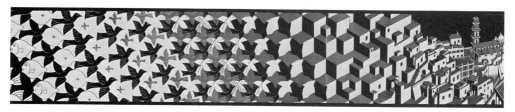

图3-7　荷兰画家莫里茨·科内利斯·埃舍尔（M.C.Escher）"变形"作品（局部）

　　图3-8为路面上的道路交通标志。现代社会的交通标志对于出行人员的生命安全至关重要，视错觉除了在建筑领域中得到应用，路面交通标志的设计也利用视错觉原理，提醒驾车人员减速，注意复杂或特殊路况，保持行车安全。例如，路面上限制车速的标识的处理，尽可能使内容醒目，车上人员观看时，字体形态保持正常。

【应用案例3-5】世界自然基金会标志

　　图3-9为世界自然基金会的标志。世界自然基金会的目标是保护自然环境，创立人与自然和谐共处的美好未来。基金会标志的主体为中国特有的珍稀野生动物大熊猫，"WWF"为世界自然基金会的英文缩写。大熊猫并不是由线条勾画出来，而是利用视错觉原理，由若干黑色块组合而成。

图3-8　路面交通标志

图3-9　世界自然基金会标志

课堂练习3-5：探索平面视错觉

1.准备白纸、铅笔、橡皮擦、直尺、圆规、三角板和量角器等材料和工具；

2.构思一幅体现视错觉特色的标志图案；

3.完成视错觉特色标志图案的草图设计；

4.总结视错觉特色的标志图案的特点。

提示：视错觉既可以作为平面设计的素材，也可以作为创意灵感来源。

和二维平面形式设计类似，三维空间形式设计也旨在建立视觉和谐和视觉秩序，或者创造有目的的视觉刺激。

罗杰·彭罗斯（Roger Penrose）除了创造了彭罗斯三角形这种视错觉图形，他还创造了另一种视错觉图形——彭罗斯阶梯，被视为彭罗斯三角形的一个变体（图3-10）。

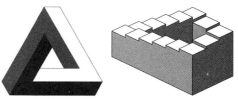

视错觉现象很早就被人们发现并应用到建筑设计领域，典型的例子就是古希腊的神庙建筑。

图3-10　彭罗斯三角形和彭罗斯阶梯

【应用案例3-6】古希腊神庙建筑

古希腊神庙建筑的柱子中采用特殊的建造方法，柱子的中部轻微膨胀，然后逐渐变细，柱子有意向内倾斜，建筑的台座也有意弯曲，由此产生一种视觉错觉，有助于建筑整体视觉和谐（图3-11）。

图3-11　古希腊神庙建筑

课堂练习3-6：探索空间视错觉

1.准备白纸、板材（KT板、瓦楞纸板或较厚的卡纸板等）、铅笔、橡皮擦、直尺、圆规、三角板、量角器、美工刀、剪刀、粘接材料（热熔胶枪、胶带纸、胶水或双面胶等）、切割垫板等材料和工具；

2.设计能够呈现空间视错觉的实物；

3.制作出呈现空间视错觉的实物模型；

4.总结视错觉在空间设计中应用特点。

提示：空间视错觉可以作为平面设计的灵感来源。

第四节　共生图

共生图也称共生图形、共生画，是指多个图形之间共用其中一些部分，或者轮廓线相互借用，形成一个整体的图形的创作方法。共生图有很强的趣味性。

甘肃敦煌隋代407窟的藻井中心位置画有三只互相追逐的兔子，三只兔子呈环形奔跑状，形成三重旋转对称图案。画面中的三只兔子，每只都和相邻的另外两只共用一只耳朵，虽然画面中一共只有三只耳朵，但每只兔子都有两只耳朵，这就是著名的"三兔共耳"共生图（图3-12）。

图3-12　敦煌隋代407窟的藻井中心图案

民间的典型图案"三鱼争月"采用相同的思路。"鱼"与"余"谐音，明月象征团圆完美，图案中一般都是圆月当空，三条鱼跃出，而三鱼共用一头的画面。"争月"可谐音为"争跃"，有力争美好生活和事业发达之意（图3-13）。

传统年画中的共生图不仅有"三鱼争月"，还有"娃娃争腚"主题。这种类型的共生图，常常出现在"九九消寒图"题材的年画中。蕴含着古老农耕智慧的九九消寒图，是中国传统木版年画中具有代表性的一种类型，这种年画也被称为历画。"娃娃争腚"主题年画中的娃娃数量不固定，都是采用共用头部的形式。

图3-13　"三鱼争月"年画

【应用案例3-7】九九消寒图

图3-14的上部由九九歌和对称分布的花瓶图案组成。图案的下部的中心位置是一幅典型的共生图案，也是本幅年画中最具特色的部分。共生图案以儿童形象为题材，通过三组头部、臀部和四肢共用，呈现出六个儿童的形象。每组儿童都有俯身和仰身两种姿态。共生

图3-14　九九消寒图

图的周围绘制了十二生肖，四周用花卉主题的角隅图案填充。"腚"字与"锭"谐音，有人财有两旺、力争上游的含义。

课堂练习3-7：设计共生图案

1.准备白纸、铅笔、橡皮擦、直尺、圆规、三角板和量角器等材料和工具；

2.构思一幅共生图；

3.完成这幅共生图的草图设计；

4.总结共生图的特点。

提示：可以围绕几何中的"等宽曲线"设计共生图案。

不仅动物和人物图案有共生方法的应用，传统吉祥图案中也有一类特殊的文字共生图案。多个字互借笔画，形成特殊风格的"共生"吉祥图案。

"财"字吉祥图案中有一类独特的图案，采用文字共用笔画的方式形成图形。其中，"招财进宝""日进斗金""黄金万两"等文字吉祥图案是这类文字共生应用的典型范例。

【应用案例3-8】"招财进宝"共生图案

"招财进宝"作为吉祥图案中一种特殊类型，是一个由四个汉字组成的吉祥语，四个字分别是繁体字的招、财、进、宝（图3-15）。它们采用笔画共用的方式组合在一起，祈求财富不断、好运降临。它常被用于春节等传统节日的装饰和商业店铺的装饰中。

图3-15 "招财进宝"共生图案

课堂练习3-8：设计共生文字图

1.准备白纸、铅笔、橡皮擦、直尺、圆规、三角板和量角器等材料和工具；

2.构思一幅共生文字形式的图案；

3.完成这幅共生文字图案的草图设计；

4.总结共生文字图案的特点。

提示：通过汉字的笔画组合形成共生图。

【应用案例3-9】猪面纹彩陶壶

图3-16是甘肃秦安县出土的猪面纹彩陶壶，属于仰韶文化类型的彩陶。该彩陶高20.6厘米，腹径15.3厘米，底径6.8厘米。壶口呈葫芦形，小圆口，束径，曲腹，平底。彩陶口部绘四组三角形纹，腹部绘一圈二方连续的猪面纹，采用共生图案的形式，相邻的两个猪面共用一个眼睛。整个图案构思巧妙、线条流畅。

图3-16 猪面纹彩陶壶

课堂练习3-9：设计具有共生性质的二方连续图案

1.准备白纸、铅笔、橡皮擦、直尺、圆规、三角板和量角器等材料和工具；

2.构思具有共生性质的单元图案；

3.利用单元图案设计二方连续图案；

4.完成具有共生性质的二方连续图案的草图设计；

5.总结共生和二方连续图案的特点。

提示：设计具有共生性质的二方连续图案，需要综合考虑二者的特点。

空间图形的共生，是指多个空间图形共用一部分空间，形成一个新的空间图形。新石器时期的陶器中已经出现了双联罐形态，之后出现的漆器和瓷器中延续这一形式，出现了双联罐和双联盒。不仅日用品中有共生器物，传统园林建筑中也出现了独特的"双生亭"，也被称为"双连亭"。此外，传统园林建筑中的一些观景的曲桥也采用共生的方式进行设计。

【应用案例3-10】婴戏纹双连瓶

图3-17婴戏纹双连瓶属于珐琅彩瓷器类型，瓷瓶采用共生方式设计，俗称双连

式。两瓶紧密相连，瓶上有双联盖。双连瓶为洗口，溜肩，肩部以下收敛，瓶底近足处外撇。瓶身部位绘有几幅儿童玩闹游戏的画面，瓶肩、圈足部位均绘有吉祥图案。

图 3-17　婴戏纹双连瓶

课堂练习 3-10：制作空间共生盒子模型

1. 准备白纸、板材（KT板、瓦楞纸板或较厚的卡纸板等）、铅笔、橡皮擦、直尺、圆规、三角板、量角器、美工刀、剪刀、粘接材料（热熔胶枪、胶带纸、胶水或双面胶等）、切割垫板等材料和工具；

2. 设计具有空间共生性质的盒子；

3. 制作出这个空间共生盒子的模型；

4. 总结共生在空间设计中的应用特点。

提示： 共生器物在中国传统器物设计中有广泛的应用。

【本章小节】

第一节简要介绍正负形的基本知识，以及正负形在平面设计领域的应用案例。第二节简要介绍了双关的基本知识、类型以及实际应用场景，重点介绍了传统形式设计中的谐音双关和象征双关。第三节简要介绍了视错觉的基本知识和类型，以及视错觉在设计领域的初步应用。第四节简要介绍了传统共生图案的基本知识，通过传统器物和年画的案例说明了共生图案在传统形式设计中的广泛应用。

关键词

图底关系、正负形图案、双关图案、视错觉、共生图案

本章作业

一、设计练习

（1）应用所学的正负形知识，为自己所在的学院、专业或班级设计一个标志。

（2）应用所学的双关知识，为自己所在的学院、专业或班级设计一个标志。

（3）应用所学的共生画知识，为自己所在的学院、专业或班级设计一个标志。

二、项目实践

公共艺术装置是设置在公共空间中的艺术作品（图3-18），通过造型语言和空间介入引发公众对环境、社会或文化的思考。

图3-18 公共艺术装置

小组合作为校园设计一个能体现学校特色的公共艺术装置。

（1）调研学校整体环境、发展历程和校园文化等情况；

（2）分析校园公共艺术装置的功能和形态需求；

（3）提出初步设计概念，要求应用正负形、双关或视错觉等设计方法；

（4）分别制作设计方案的数字模型和简易实物模型；

（5）展示、调研、改进设计方案；

（6）制作演示文稿，进行项目成果的展示、汇报和交流。

三、思考与讨论

（1）探讨正、负形在中国传统青花瓷器设计中的应用。

（2）探讨中国传统年画中双关手法的应用。

（3）探讨视错觉在道路交通标志中的应用。

第四章
对称与密铺

【学习目标】

1.掌握对称的基本知识及其在平面设计中的应用；

2.了解并掌握平面图形中常见的四种变换方法；

3.了解并掌握带状和块状图形的变换方法；

4.了解并掌握图形密铺的基本知识。

【重难点】

1.掌握单独图形的对称变换方法；

2.掌握带状和块状图形中的设计方法；

3.掌握密铺图形的生成方法。

第一节　对称与设计

自然界中的蝴蝶向人们形象地展示了对称的含义，一对翅膀沿着身体的中线完全重合。湖边倒映的树影和树木一起构成了一幅对称图形，甚至人脸也大致呈左右对称的形态。蝴蝶、水边倒影、人脸中的对称现象是最为常见的反射对称，自然界中还存在其他类型的对称现象，如各种旋转对称。

设计领域常将对称定义为一种变换操作，即对称代表对称变换的含义。反射对称变换也称镜像对称变换，简单地说，是指某个图形沿一条线段折叠的变换操作。旋转对称变换是指某个图形绕着固定点转动一定角度的变换操作。旋转对称变换包括二重旋转对称变换、三重旋转对称变换、四重旋转对称变换、五重旋转对称变换等。

自然界和日常生活环境中不仅存在对称现象，还存在着大量不对称的现象，对称和不对称的事物共同构成了人们生活的世界。

对称在设计中包含了次序、统一与均衡的美学含义，同时作为图形的一种重要的组织原则，对称能产生和谐、平衡、稳定和有序的美感。

不对称意味着有机、非理性，不对称的设计往往表现出热情而繁杂的设计风格。对称意味着无机、理性，对称的设计往往表现出冷酷而简洁的设计风格。

有些设计师会在图形设计中有意识地应用对称法则，以获得用户对所设计作品的认可。也有观点认为，对称的设计容易形成呆板的风格，而使用非对称的设计往往可以带来出人意料的理想效果。因此，对称和非对称的设计需要根据具体的设计目标灵活选择。

反射对称变换简称反射变换，也称镜像对称变换，即将任意一个图形关于某条给定直线作翻转（折叠），产生的图形与原来的图形重合。

【应用案例4-1】反射对称的传统剪纸图案

在传统的吉祥图案设计中，反射对称是常见的类型之一，也称镜向对称。在图4-1所示的剪纸作品中，两只公鸡昂首挺胸，鸡冠和尾羽立起，回头张望。整幅图形为反射对称形式，呈现出和谐平衡的美感。

图4-1　反射对称变换分析

课堂练习 4-1：制作反射对称剪纸

1.准备白纸、铅笔、橡皮擦、直尺、圆规、三角板、量角器、美工刀、剪刀、切割垫板等材料和工具；

2.设计呈现反射对称的剪纸图案；

3.剪出反射对称的剪纸图案；

4.观察剪纸图案，分析反射对称剪纸的特点。

提示：反射对称变换是传统图案中常见的变换类型。

旋转对称变换简称旋转变换，是指把任意一个图形围绕某个固定点旋转某个度数，产生的图形与原图形重合。旋转对称变换根据旋转的度数，命名为 n 重旋转对称变换。n 的值等于360°除以旋转度数。n 的值可以为2、3、4、5、6、8、12等整数。根据 n 的数值，分别将这些变换称为二重旋转对称变换、三重旋转对称变换、四重旋转对称变换、五重旋转对称变换、六重旋转对称变换、八重旋转对称变换、十二重旋转对称变换等。

二重旋转对称变换简称二重旋转变换，是指把任意一个图形围绕某个固定点旋转180°（180°=360°÷2），产生的图形与原图形重合。二重旋转对称变换也称中心对称变换。

【应用案例4-2】二重旋转对称的传统剪纸图案

在传统图案中也常出现二重旋转对称变换（图4-2），出现频率较多的原因不仅与二重旋转对称变换的特点有关，而且与汉语中的"二"的含义有关。在中国传统文化中，"二"字在汉语里有"双"的含义，成双成对、好事成双、双喜临门等成语均与幸运、美好、喜庆的事情相关联。

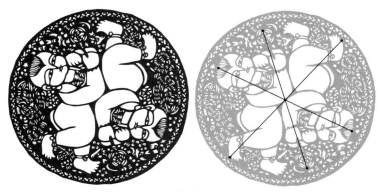

图4-2 二重旋转对称变换分析

课堂练习4-2：制作二重旋转对称剪纸

1.准备白纸、铅笔、橡皮擦、直尺、圆规、三角板、量角器、美工刀、剪刀、切割垫板等材料和工具；

2.设计呈现二重旋转对称的剪纸图案；

3.剪出二重旋转对称的剪纸图案；

4.观察剪纸图案，分析二重旋转对称剪纸的特点。

提示：二重旋转对称变换和镜像对称变换是两种完全不同的变换。

　　三重旋转对称变换简称三重旋转变换，是指把任意一个图形围绕某个固定点旋转120°（120°=360°÷3），产生的图形与原图形重合。

【应用案例4-3】三重旋转对称的传统剪纸图案

　　在传统图案中，三重旋转对称的结构形式较少出现。图4-3所示的这一幅剪纸作品，整体结构为三重旋转对称形式，基本单元图形主要由双鱼和福字组成，梅花图案作为背景点缀其中，象征富足和幸福。

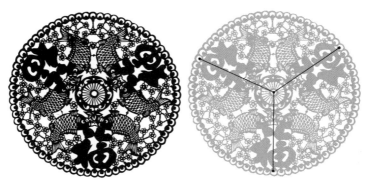

图4-3　三重旋转对称变换分析

课堂练习4-3：制作三重旋转对称剪纸

1.准备白纸、铅笔、橡皮擦、直尺、圆规、三角板、量角器、美工刀、剪刀、切割垫板等材料和工具；

2.设计呈现三重旋转对称的剪纸图案；

3.剪出三重旋转对称的剪纸图案；

4.观察剪纸图案，分析三重旋转对称剪纸的特点。

提示：三重旋转对称剪纸需要使用量角器。

　　四重旋转对称变换简称四重旋转变换，是指把任意一个图形围绕某个固定点旋转90°（90°=360°÷4），产生的图形与原图形重合。

【应用案例4-4】四重旋转对称的传统剪纸图案

　　在传统图案中，四重旋转对称的结构形式较为常见。图4-4所示的这一幅剪纸图案，整体结构为四重旋转对称形式，基本单元图形主要由喜字、喜鹊和花朵组成。基本图形单元中的双喜、喜鹊和花朵又分别呈镜像对称形式，设计巧妙，寓意丰富。

图4-4　四重旋转对称变换分析

课堂练习4-4：制作四重旋转对称剪纸

　　1.准备白纸、铅笔、橡皮擦、直尺、圆规、三角板、量角器、美工刀、剪刀、切割垫板等材料和工具；

　　2.设计呈现四重旋转对称的剪纸图案；

　　3.剪出四重旋转对称的剪纸图案；

　　4.观察剪纸图案，分析四重旋转对称剪纸的特点。

提示：四重旋转对称也是传统形式设计中常见类型。

　　五重旋转对称变换简称五重旋转变换，是指把任意一个图形围绕某个固定点旋转72°（72°=360°÷5），产生的图形与原图形重合。

【应用案例4-5】五重旋转对称的传统剪纸图案

　　五重旋转对称变换也常出现在传统图案之中，出现的原因与二重旋转对称变换相同（图4-5），不仅与五重旋转对称变换的特点有关，而且与汉字"五"组成的成语有关。这些成语表达了人们祈福的内心愿望，如五福临门、五福捧寿、五子登科等。

图4-5 五重旋转对称变换分析

课堂练习4-5：制作五重旋转对称剪纸

1.准备白纸、铅笔、橡皮擦、直尺、圆规、三角板、量角器、美工刀、剪刀、切割垫板等材料和工具；

2.设计呈现五重旋转对称的剪纸图案；

3.剪出五重旋转对称的剪纸图案；

4.观察剪纸图案，分析五重旋转对称剪纸的特点。

提示：五重旋转对称剪纸需要使用量角器。

六重旋转对称变换简称六重旋转变换，是指把任意一个图形围绕某个固定点旋转60°（60°=360°÷6），产生的图形与原图形重合。

【应用案例4-6】六重旋转对称的传统剪纸图案

在传统图案中，六重旋转对称的结构形式较为常见。图4-6所示的这一幅剪纸图案，整体结构为六重旋转对称形式，由中心的六出花瓣、跃起的鲤鱼和翻滚的浪花组成。图案设计巧妙，富有动感。

图4-6 六重旋转对称变换分析

课堂练习4-6：制作六重旋转对称剪纸

1.准备白纸、铅笔、橡皮擦、直尺、圆规、三角板、量角器、美工刀、剪刀、切割垫板等材料和工具；

2.设计呈现六重旋转对称的剪纸图案；

3.剪出六重旋转对称的剪纸图案；

4.观察剪纸图案，分析六重旋转对称剪纸的特点。

提示：六重旋转对称剪纸需要使用量角器。

八重旋转对称变换简称八重旋转变换，是指把任意一个图形围绕某个固定点旋转45°（45°=360°÷8），产生的图形与原图形重合。

【应用案例4-7】八重旋转对称的传统剪纸图案

在传统图案中，八重旋转对称的结构形式较为常见。图4-7所示的这一幅剪纸图案，整体结构为八重旋转对称形式，由八个花瓣组成。每个花瓣中包含一个儿童和莲花组成的吉祥图案，其内层为八个抽象的蝴蝶图案。这幅民间剪纸作品寓意吉祥美好，富有地方特色。

图4-7 八重旋转对称变换分析

课堂练习4-7：制作八重旋转对称剪纸

1.准备白纸、铅笔、橡皮擦、直尺、圆规、三角板、量角器、美工刀、剪刀、切割垫板等材料和工具；

2.设计呈现八重旋转对称的剪纸图案；

3.剪出八重旋转对称的剪纸图案；

4.观察剪纸图案，分析八重旋转对称剪纸的特点。

提示：八重旋转对称也是传统形式设计中常见类型。

第二节　连续对称变换

对称在设计领域常被定义为一种操作，反射对称和旋转对称（特指二重旋转对称变换）均被看作这样的操作。此外，对称还包括另外两种类型，即平移变换和滑动反射变换。

反射对称、旋转对称、平移变换和滑动反射变换构成了对称的四种基本类型。

反射对称指在同一个平面内，把某一个图形沿一条直线折叠的变换操作。旋转对称指在同一个平面内，某一个图形绕着某一个固定点转动180°的变换操作。平移变换指在同一个平面内，将某一个图形整体沿某个方向由一个位置平行移动到另一个位置的变换操作。滑动反射变换指在同一个平面内，将一个图形整体沿某一方向由一个位置平移到另一个位置，再沿一条直线折叠的变换操作。

反射对称、旋转对称、平移变换和滑动反射变换如图4-8所示。

反射对称　　　　　旋转对称　　　　　平移变换　　　　　滑动反射变换

图4-8　对称变换的四种基本类型

课堂练习4-8：模拟对称变换的四种基本类型

1.准备两组同学进行表演，每组3~4人；

2.采用列队方式表演对称变换的四种基本类型；

3.其他同学猜测所表演的变换类型；

4.总结四种对称变换类型的基本特点。

提示：对称变换的四种基本类型是设计带状和块状图形的基础。

某一个图形经过反射变换后形成新的图形，新图形与原图形为反射对称图形。如果连续进行这样的变换操作，沿着变换方向将会产生一条新的带状（条状）图形。带状图形具有周期性的对称现象，也称一维对称图形。在中国传统形式设计中，这种有规律的带状（条状）图形也称二方连续图案。二方连续图案广泛应用于边饰。

对四种基本对称变换进行不同的组合，沿一个坐标轴连续重复变换可以产生七种带状一维对称图形。

一维对称图形仅向一个方向进行重复的对称变换，共有七种类型。

（1）连续平移变换（图4-9）：单元图形沿坐标轴连续进行平移的变换。连续平移变换方法生成的一维对称图形只包含一种对称形式——平移。

图4-9 连续平移变换

（2）连续反射对称变换（图4-10）：单元图形沿坐标轴连续进行垂直于该坐标轴即纵轴的反射对称变换。连续反射对称变换方法生成的一维对称图形包含两种对称形式——反射和平移。

图4-10 连续反射变换

（3）连续滑动反射变换（图4-11）：单元图形沿坐标轴连续进行滑动反射变换。连续滑动反射变换方法生成的一维对称图形包含两种对称形式——滑动反射和平移。

图4-11 连续滑动反射变换

（4）二重旋转对称变换＋连续平移变换（图4-12）：单元图形先进行一次二重旋转对称变换，形成一个新的单元图形，新的单元图形再沿坐标轴进行连续的平移变换。二重旋转对称变换＋连续平移变换方法生成的一维对称图形包含两种对称形式——二重旋转和平移。

图4-12 二重旋转对称变换＋连续平移变换

（5）横轴反射对称变换＋连续平移变换（图4-13）：单元图形先进行一次横轴的反射对称变换，形成一个新的单元图形，新的单元图形再沿坐标轴进行连续的平移对称变换。横轴反射对称变换＋连续平移变换方法生成的一维对称图形包含两种对称形式——反射和平移。

图4-13　横轴反射对称变换＋连续平移变换

（6）横轴反射对称变换＋连续纵轴反射对称变换（图4-14）：单元图形先进行一次横轴反射对称变换，形成一个新的单元图形，新的单元图形再沿坐标轴进行连续的平移对称变换。横轴反射对称变换＋连续纵轴反射对称变换方法生成的一维对称图形包含三种对称形式——反射、二重旋转和平移。

图4-14　横轴反射对称变换＋连续纵轴反射对称变换

（7）纵轴反射对称变换＋连续二重旋转对称变换或二重旋转对称变换＋连续纵轴反射对称变换（图4-15）：纵轴反射对称变换＋连续二重旋转对称变换是单元图形先进行一次纵轴反射对称变换，形成一个新的单元图形，新的单元图形再进行连续的中心旋转反射对称变换。二重旋转对称变换＋连续纵轴反射对称变换是单元图形先进行一次二重旋转对称变换，形成一个新的单元图形，新的单元图形再进行连续的纵轴反射对称变换。两种方法生成的图形结构相同。纵轴反射对称变换＋连续二重旋转对

图4-15　纵轴反射对称变换＋连续二重旋转对称变换或二重旋转对称变换＋连续纵轴反射对称变换

称变换或二重旋转对称变换 + 连续纵轴反射对称变换方法生成的一维对称图形包含全部四种对称形式——反射、二重旋转、滑动反射和平移。

七种带状一维对称变换的总结如图4-16所示。

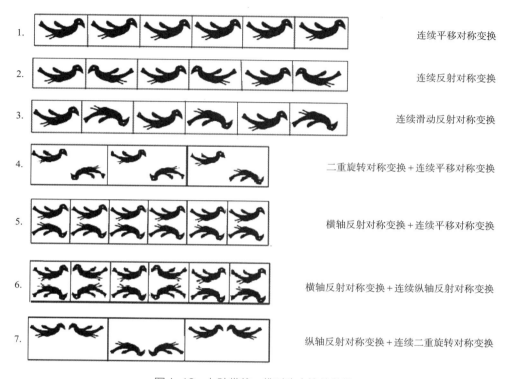

1.	连续平移对称变换
2.	连续反射对称变换
3.	连续滑动反射对称变换
4.	二重旋转对称变换 + 连续平移对称变换
5.	横轴反射对称变换 + 连续平移对称变换
6.	横轴反射对称变换 + 连续纵轴反射对称变换
7.	纵轴反射对称变换 + 连续二重旋转对称变换

图4-16 七种带状一维对称变换的总结

【应用案例4-8】忍冬纹带状图案

传统的带状图案常常采用上述各种一维对称变换的结构形式，这些带状图案广泛应用于日常器物、服饰、家具、园林和建筑中。图4-17所示的忍冬纹带状图案采用了连续平移对称变换的结构，属于典型的传统二方连续带状纹样——缠枝纹，这种纹样通过植物茎叶的连续平移或其他一维对称变换重复出现，构成具有动感的带状图形。

图4-17 忍冬纹带状图案

课堂练习4-9：设计连续平移对称带状图形

1.准备白纸、铅笔、橡皮擦、直尺、圆规、三角板和量角器等材料和工具；

2.构思基本单元图形；

3.对基本单元图形进行连续平移对称变换操作，完成带状图形的草图设计；

4.总结具有连续平移对称结构的带状图形的特点。

提示：设计复杂的带状图形时，需要考虑基本单元图形之间的连接方式。

【应用案例4-9】龙纹带状图案

连续反射对称变换也是传统的带状图案经常采用的构图形式。图4-18为连续反射对称带状图形，两条直立舞动的龙呈反射对称形式，二者的重复出现构成了一幅既有变化又和谐统一的带状图案。

图4-18　龙纹带状图案

课堂练习4-10：设计连续反射对称带状图形

1.准备白纸、铅笔、橡皮擦、直尺、圆规、三角板和量角器等材料和工具；

2.构思基本单元图形；

3.对基本单元图形进行连续反射对称变换操作，完成带状图形的草图设计；

4.总结具有连续反射对称结构的带状图形的特点。

提示：设计复杂的带状图形时，需要考虑基本单元图形之间的连接方式。

二维对称图形是指沿横向和纵向进行连续对称变换而产生的图形，也称块状对称图形。在中国传统形式设计中，二维对称图形也称四方连续图案。四方连续图案广泛应用于陶瓷、漆器、青铜器、织锦、家具、建筑装饰之中。

二维对称变换比一维对称变换增加了一个变换维度，通过四种基本变换方法可以产生十七种块状二维对称图形。

根据图形中存在的旋转对称类型的不同，十七种二维对称图形可以分为五大类，包括不存在旋转对称结构的类型、存在二重旋转对称结构的类型、存在三重旋转对称结构的类型、存在四重旋转对称结构的类型和存在六重旋转对称结构的类型。

　　不存在旋转对称结构的类型共有四种。存在二重旋转对称结构的类型共有五种。存在三重旋转对称结构的类型共有三种。存在四重旋转对称结构的类型共有三种。存在六重旋转对称结构的类型共有两种。

【应用案例4-10】织锦图案

　　中国传统的织锦设计，常采用各种二维对称结构形成精美的四方连续块状图案，这种构图方式使得整个织锦呈现出富有韵律的变化。图4-19所示的织锦纹样采用了二维对称结构，基本单元图形由植物的花朵、叶子和果实组成。基本单元图形通过沿竖轴上下两个方向连续的平移对称变换，以及沿横轴

图4-19　织锦图案

左右两个方向连续的滑动反射对称变换，形成了这幅具有传统特色的织锦图案。

课堂练习4-11：设计二维对称块状图形

1.准备白纸、铅笔、橡皮擦、直尺、圆规、三角板和量角器等材料和工具；

2.构思二维对称图形中的基本单元图形；

3.在十七种二维对称变换中任选一种形式，对基本单元图形进行对应的对称变换操作；

4.完成二维对称块状图形的草图设计；

5.观察设计草图，总结二维对称块状图形的特点。

提示：复杂的二维对称图形需要考虑基本单元图形横向和纵向之间的连接方式。

第三节　密铺与设计

　　很多人都玩过拼图游戏，从中国传统的七巧板玩具到现代拼图玩具，拼图游戏给人们带来很多乐趣。有些拼图游戏要求拼出特定的动物、植物、人物、建筑或物品的形状，有些拼图游戏则要求将小的拼接单元没有缝隙地拼接在一起，这种拼接方式常被称为密铺。

　　密铺不仅出现在各类拼图游戏中，还出现在环境装饰中。人们很早就开始用瓷砖

碎片在建筑物的墙面拼接出有趣的图形，这种装饰手法也被称为马赛克镶嵌风格。将居室的墙面和地面用瓷砖铺满的方式延续至今，密铺图形也逐渐出现在人们生活的方方面面，传统的日常用品、服饰、织物、家具、建筑、园林景观装饰中，均有各种形式的密铺图形。

中国传统园林建筑中的铺地采用多种形式的密铺图形，形成别具特色的游览路径，增加了游园者的愉悦体验（图4-20）。

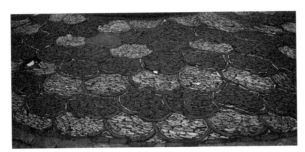

图4-20　中国传统园林中的"密铺"

密铺图形也称镶嵌图形，是指将多个单元图形，紧密排列在一起，形成既不重叠且没有空隙的图形。这种成图形的方法称为密铺方法，也称镶嵌方法。

密铺图形既可以作为背景图形，也可以作为图形的中心内容。使用密铺图形作为表面装饰，可形成建筑和器物独特的设计风格。

根据密铺图形的含义，组成密铺图形的单元图形可以是相同的，也可以是不同的。采用相同单元图形生成的密铺图形符合人们的审美期待，这类密铺图形具有和谐、统一的美感，也是设计师们学习和研究的重点。

密铺图形由单元图形组成，有些单元图形仅由直线段组成，而有些单元图形包含曲线。前者组成的密铺图形具有严谨的几何风格，后者组成的密铺图形具有活泼的有机风格（图4-21）。

仔细观察由若干相同单元图形组成的密铺图形，会发现这些图形具有规律性的排列，局部图形会周期性重复出现。实际上，绝大多数由若干相同单元图形组成的密铺图形都具有周期性重复的特点，仅有极少部分的密铺图形不具备上述特点。

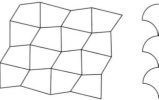

图4-21　两种不同风格的密铺图形

根据周期性的不同，密铺图形又分为周期性密铺和非周期密铺两大类。密铺图形是否具有周期性，对于设计师而言，意味着选择不同的设计风格。

根据相邻图形的边的对齐情况，密铺图形可以分为边对边密铺和非边对边密铺（图4-22）。

边对边密铺又可分为周期性边对边密铺和非周期性边对边密铺，周期性边对边密铺包括正多边形边对边密铺，非周期性边对边密铺的典型代表是彭罗斯密铺。

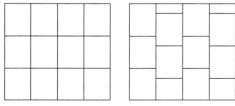

图4-22　边对边密铺和非边对边密铺

什么形状的单元图形可以单独生成边对边的密铺图形？人们经过实践探索发现，任意形状的三角形均可以单独生成边对边的密铺图形，部分形状的四边形、五边形、六边形，也可以单独生成边对边的密铺图形（图4-23）。

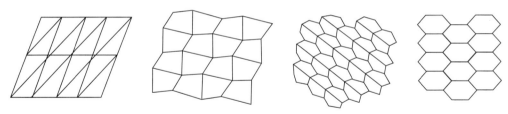

图4-23　三角形、四边形、五边形和六边形生成的密铺图形

课堂练习4-12：剪拼边对边的密铺图形

1.准备白纸、铅笔、橡皮擦、直尺、三角板、量角器、美工刀、剪刀、切割垫板等材料和工具；

2.剪出多个相同大小的任意三角形、四边形、五边形和六边形；

3.分别使用剪好的三角形、四边形、五边形、六边形进行边对边的拼接；

4.观察已完成的密铺图形，分析并总结其组成特点。

提示：注意区分边对边密铺和非边对边密铺。

在正多边形中，只有正三角形、正方形和正六边形可以进行单一图形的边对边密铺操作，形成不重叠、不留空隙、富有规律性的密铺图形。其他的正多边形都不能单独组成边对边的密铺图形（图4-24）。

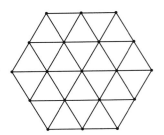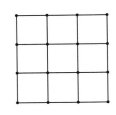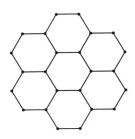

图4-24　正三角形、正方形和正六边形生成的密铺图形

多个相同的正方形可以形成边对边的密铺图形，正三角形和正六边形也具有这样的特性。使用多个不同的正多边形也可以形成边对边密铺。

根据使用的正多边形的种类、形成的密铺图形的顶点情况的不同，正多边形边对边密铺可以分为规则密铺、半规则密铺和准规则密铺三种不同的类型。

规则密铺是指仅用一种正多边形形成的边对边的密铺图形。规则密铺仅使用单一正多边形进行密铺，所形成的密铺图形的任意交点周围的图形也完全相同。规则密铺包括正三角形、正方形和正六边形的边对边密铺，并且只有正三角形、正方形和正六边形可以形成规则密铺。规则密铺图形中，围绕任意交点A和B点周围的图形完全一样，都是同一种正多边形（图4-25）。

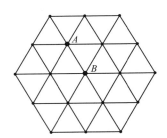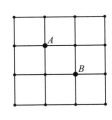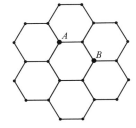

图4-25　三种规则密铺图形

课堂练习4-13：剪拼规则密铺图形

1.准备白纸、铅笔、橡皮擦、直尺、三角板、量角器、美工刀、剪刀、切割垫板等材料和工具；

2.剪出多个相同大小的正三角形、正方形和正六边形；

3.分别使用剪好的正三角形、正方形和正六边形进行拼接；

4.观察已完成的规则密铺图形，分析并总结其构成特点。

提示： 规则密铺图形是最为常见的一种边对边的密铺图形。

　　半规则密铺是指用多种不同的正多边形进行边对边的密铺，所形成的密铺图形的任意交点周围的图形也完全相同（图4-26）。

　　图4-26所示的半规则密铺图形由正三角形、正方形和正六边形三种不同类型的正多边形，通过边对边的方式铺砌而成。该密铺图形中，围绕任意交点周围的图形完全一样，均由一个正三角形、两个正方形和一个正六边形组成。如图4-26中A点和B点所示，围绕两点周围的图形个数和形状完全相同。

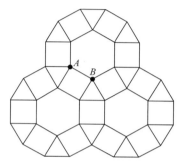

图4-26　半规则密铺图形

课堂练习4-14：剪拼半规则密铺图形

　　1.准备白纸、铅笔、橡皮擦、直尺、三角板、量角器、美工刀、剪刀、切割垫板等材料和工具；

　　2.剪出多个边长相等的正三角形、正方形和正六边形；

　　3.使用剪好的正三角形、正方形和正六边形，拼接出半规则密铺图形；

　　4.观察已完成的半规则密铺图形，分析并总结其构成特点。

　　提示：与规则密铺相比，半规则密铺使用多种类型的正多边形。

　　准规则密铺是指用多种正多边形进行边对边的密铺，所形成的密铺图形的任意交点周围的图形有两种或两种以上的情况（图4-27）。

　　图4-27所示的准规则密铺图形由正三角形、正方形和正六边形三种不同类型的正多边形，通过边对边的方式铺砌而成。该密铺图形中，围绕任意交点周围的图形有两种类型。如图4-27中A点和B点所示，围绕顶点A和顶点B的图形不一样，A点周围的图形由三个正三角形、两个正方形组成，而B点周围的图形由一个正三角形、两个正方形和一个正六边形组成。

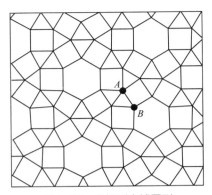

图4-27　准规则密铺图形

课堂练习4-15：剪拼准规则密铺图形

1.准备白纸、铅笔、橡皮擦、直尺、三角板、量角器、美工刀、剪刀、切割垫板等材料和工具；

2.剪出多个边长相等的正三角形、正方形和正六边形

3.使用剪好的正三角形、正方形和正六边形，拼接出准规则密铺图形；

4.观察已完成的准规则密铺图形，分析并总结其构成特点。

提示：与半规则密铺相比，准规则密铺形成的密铺图形中，围绕任意交点周围的图形类型有两种或两种以上不同的情况。

20世纪70年代，英国数学家、物理学家罗杰·彭罗斯发现了两类特殊的密铺图形，这两类密铺图形仅由两种单元图形组成，可以实现不重复的边对边密铺，图形具有非周期性。这两类密铺图形以发现者彭罗斯的名字进行命名，被称为"彭罗斯密铺图形"。两类彭罗斯密铺图形如图4-28所示。

第一类彭罗斯密铺图形由两个不同形状的特殊四边形组成。作为单元图形的两

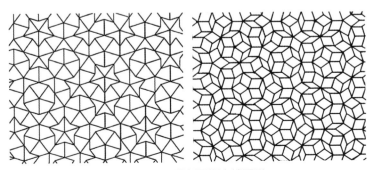

图4-28　两类彭罗斯密铺图形

个四边形，一个形如风筝，另一个形如飞镖。形如风筝的四边形的三个内角为72°，一个内角为144°。形如飞镖的四边形的两个内角为36°，另外两个内角分别为72°和216°（图4-29）。

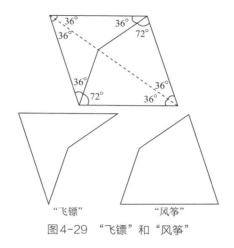

图4-29　"飞镖"和"风筝"

课堂练习4-16：拼接彭罗斯密铺图形

1.准备白纸、铅笔、橡皮擦、直尺、三角板、量角器、美工刀、剪刀、切割垫板等材料和工具；

2.剪出多个彭罗斯密铺中的"风筝"和"飞镖"图形；

3.使用"风筝"和"飞镖"单元图形，拼出彭罗斯密铺图形；

4.观察已完成的彭罗斯密铺图形，分析并总结其构成特点。

提示：非周期性是彭罗斯密铺图形的重要特性之一。

第二类彭罗斯密铺图形由两个不同形状的特殊菱形组成。作为单元图形的两个菱形，一个"胖菱形"，另一个"瘦菱形"。"胖菱形"的两组内角分别为108°和72°，"瘦菱形"的两组内角分别为144°和36°（图4-30）。

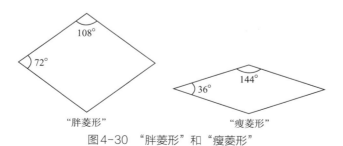

图4-30　"胖菱形"和"瘦菱形"

课堂练习4-17：拼接彭罗斯密铺图形

1.准备白纸、铅笔、橡皮擦、直尺、三角板、量角器、美工刀、剪刀、切割垫板等材料和工具；

2.剪出多个彭罗斯密铺中的"胖菱形"和"瘦菱形"图形；

3.使用"胖菱形"和"瘦菱形"单元图形，拼出彭罗斯密铺图形；

4.观察已完成的彭罗斯密铺图形，分析并总结其构成特点。

提示：非周期性是彭罗斯密铺图形的重要特性之一。

生成单个新图形的方法包括组合、分割、合并、移除、叠加、变形等方法。这些方法同样可以用于创作新的密铺图形。选择使用单独的正三角形、正方形或正六边形制作的规则密铺图形，针对单元图形采用组合、分割、合并、移除、叠加、变形等方法，将生成的新的单元图形复制到整个图形，可以创作出无数新的密铺图形，如图4-31所示。

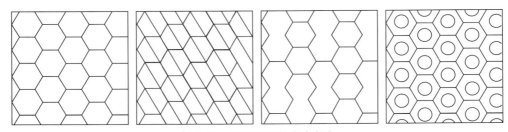

图4-31　密铺图形的生成方法

课堂练习4-18：设计并制作新的密铺图形

1.准备白纸、铅笔、橡皮擦、直尺、三角板、量角器、美工刀、剪刀、切割垫板等材料和工具；

2.选择正三角形、正方形或正六边形作为规则密铺图形的单元基本图形；

3.剪出相同大小的基本单元图形，拼出规则密铺图形；

4.对规则密铺图形中的基本单元图形进行组合、分割、合并、移除、叠加和变形等加工方法，形成新的密铺图形；

5.观察新的密铺图形，总结密铺图形的设计方法。

提示：综合使用各种图形的生成方法可以有效地制作新的密铺图形。

对于平面设计而言，变化多样的密铺图形既可以作为视觉作品的主题或背景，也可以作为辅助设计的一种网格系统。

对于三维空间而言，正方体、长方体及一些特殊的六棱柱体也可以像积木一样进行堆砌，实现空间立方体的密铺。空间密铺远比平面密铺情况复杂。现代建筑设计师们已在建筑行业上进行了一些实践探索，形同蜂窝的盒子建筑物可以看作空间密铺的应用案例。

【本章小结】

第一节简要介绍了对称的基本知识，以及对称与非对称在设计中的意义；着重介绍了单个图形的反射对称、二重旋转对称（中心对称）、三重旋转对称、四重旋转对称、五重旋转对称、六重旋转对称和八重旋转对称变换。第二节较为系统地介绍了设计领域中的反射变换、旋转变换、平移变换、滑移反射等四种基本变换，介绍了四种基本变换组成的七种带状和十三种块状对称图形，简要介绍了对称在带状和块状图形中的应用。第三节简要介绍了密铺的基本知识，以及正多边形边对边密铺图形中规则密铺图形、半规则密铺图形和准规则密铺图形的特点；简要介绍了两种具有非周期性的彭罗斯密铺图形。

关键词

对称、反射对称、多重旋转对称、四种基本对称变换、带状对称变换、块状图形对称变换、密铺

本章作业

一、设计练习

（1）分别设计一幅反射对称（镜像对称）、二重旋转对称（中心对称）、三重旋转对称图案。

（2）从七种一维对称结构中选择一种类型，设计一幅带状装饰图形。

（3）从十七种二维对称结构中选择一种类型，设计一幅块状装饰图形。

（4）应用密铺图形的知识，设计一幅块状装饰图形。

二、项目实践

小组合作为学院运动会设计一套能体现学院特色的宣传品。

（1）调研学院运动会举办的详细信息，包括场地、人数、项目等；

（2）分析学院运动会宣传的实际需求，包括标志、海报、赛会手册等；

（3）提出初步设计概念，明确设计主题；

（4）应用各种对称和密铺设计方法，采用手绘或设计软件，设计学院运动会的统一宣传品；

（5）展示、调研、改进设计方案；

（6）制作演示文稿，进行项目成果的展示、汇报和交流。

三、思考与讨论

（1）讨论图4-32中三个标志图形的对称性质。

图4-32　标志图形

（2）根据本章所学知识，分析敦煌壁画图案中带状图案的对称特点。

（3）收集整理荷兰画家埃舍尔的版画作品，分析其作品中的对称现象。

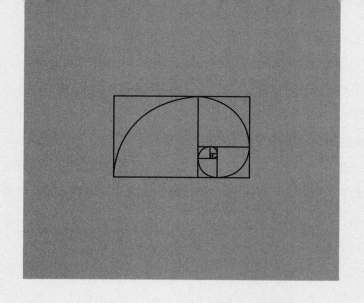

第五章
数学与设计

【学习目标】

1.掌握比例、黄金比例、圆锥曲线在平面设计中的应用；

2.了解数学在空间设计中的相关知识与应用；

3.掌握空间解析几何在空间设计中的应用；

4.了解拓扑和分形知识在设计中的初步应用。

【重难点】

1.掌握黄金比例在设计中的应用；

2.掌握空间解析几何在空间设计中的应用。

第一节　几何与平面设计

人类在新石器时期开始制作各种表面光滑的磨制石器，这些磨制石器不仅功能实用，而且具有美观的外形。有些石器工具已经呈左右对称的形式，有些打磨成球状，这些石器已经具有初步的"几何"风格。新石器时期的人类不仅制作石器，而且学会了制作陶器并在陶器表面进行装饰。陶器表面的装饰图案不仅有动物、人物、器物等具体图像，还有各种线段组成的几何图案。

随着人类社会的进一步发展，人们开始在建筑、家具、器物设计中应用数学知识，尤其是数学中的几何知识。例如，比例知识很早被用作设计的辅助手段，用来创造作品的和谐美感。

数学作为研究"数"与"形"的学科，其中，研究"形"的各类几何学科自诞生起就成为平面和空间形式设计的有力工具。同时，数学也是一种"发现"的工具，应用数学的思维方法，能够帮助设计师发现平面或空间形式内部隐藏的规律。

"解析几何"为设计师提供了丰富的二维和三维图形素材。二维平面图形除了包括人们已经熟知的圆形、双曲线和抛物线等，还包括各种螺线、摆线、悬链线等特殊的曲线；三维空间图形包括球面、椭球面、双曲面、抛物面等熟悉的空间形式。

相比解析几何，拓扑几何与分形几何出现的时间相对较晚，但这并没有影响当代设计人员对它们的探索和应用。其中，莫比乌斯环作为拓扑几何的典型代表，很早就被应用到平面媒体、日常用品、公共艺术装置、桥梁和建筑的设计中。

现代的平面设计、工业设计、服装设计、家具设计、景观设计、建筑设计均需要掌握各类数字化工具，而数学是数字化设计工具的理论基础。设计师对于数字化设计相关的数学知识了解和掌握得越多，越能高效应用这类工具达到自己的设计目标。同时，数学学科具有逻辑的严谨性，有助于设计师形成系统化的思维习惯。

圆形、三角形和四边形可能是最早被应用的几何元素。新石器时期的彩陶装饰中常常可以发现三角形、四边形和圆形等几何图案。之后，这些简单的几何图形广泛应用到设计之中，至今仍在使用。

除了这些常见的几何图形，比例也逐渐得到设计师们的关注和重视。不同的比例与比例值相关，有些比例值为整数，例如2、3、4、5等。有些比例值为特殊的数值。这些特殊的数值在数学学科中被定义为无理数，如$\sqrt{2}$、$\sqrt{3}$、$\sqrt{5}$等。设计师们对不同类型的比例各有偏好。

有些设计师喜欢在设计中使用比例值为整数的比例，有些喜欢使用比例值为无理数的比例。比例关系逐渐成为设计过程中需要重点考虑的要素。无论在尺寸、面积还是体量上，比例和谐与否都会影响设计元素之间的关系。

有一种特殊的比例尤其受到设计师们的青睐，其比值近似1.618，常被称为黄金比或黄金分割比（图5-1）。

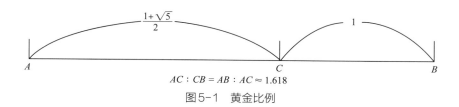

$$AC : CB = AB : AC \approx 1.618$$

图5-1　黄金比例

黄金比用希腊字母Φ来表示，它在平面设计、工业设计、家具设计、建筑设计等诸多领域得到了极为广泛的应用。

黄金比（比值）不仅用来定义两条线段之间特定的比例关系，还用来定义一类特殊的图形，这些图形自身包含了黄金比，包括黄金比矩形、黄金比三角形、黄金比椭圆、黄金比螺线等。

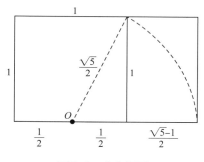

图5-2　黄金矩形

黄金比矩形简称黄金矩形，是指矩形的长和宽的比值为Φ的特殊矩形（图5-2）。

黄金比三角形简称黄金三角形，是指三角形的腰与底或底与腰的长度比等于Φ的特殊三角形。黄金比三角形有两种类型，一种的顶角为36°，两个底角为72°；另一种的顶角为108°，两个底角为36°（图5-3）。

黄金比椭圆简称黄金椭圆，是指长轴和短轴的比值等于Φ的特殊椭圆（图5-4）。

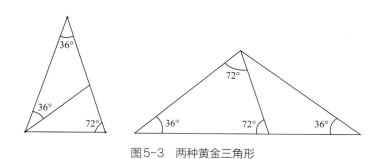

图5-3　两种黄金三角形

黄金比螺线简称黄金螺线，通过将一个黄金比矩形连续分割成以其短边为边长的正方形和更小的黄金比矩形的方式生成（图5-5）。

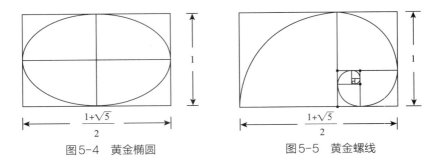

图5-4 黄金椭圆　　　　　　　　　图5-5 黄金螺线

黄金比矩形、黄金比三角形、黄金比椭圆、黄金比螺线也被广泛应用于现代设计领域。其中，黄金比例曾在西方古典建筑设计中得到广泛应用。

【应用案例5-1】雅典帕特农神庙建筑

雅典帕特农神庙的正立面设计，运用黄金比例塑造了古典和谐之美。神庙正立面整体宽高比接近黄金比，一系列细分的黄金矩形确定了楣梁、中楣、三角墙等各部分的高度尺寸和比例（图5-6），形成了将建筑各部分有机联结的几何韵律。

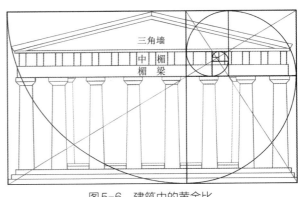

图5-6 建筑中的黄金比

课堂练习5-1：制作纸质正五边形

1.准备白纸、铅笔、橡皮擦、直尺、圆规、三角板、量角器、美工刀、剪刀、切割垫板等材料和工具；

2.用纸剪出或折叠出正五边形，画出顶点之间的连线，用字母标记顶点和连线的各个交点；

3.测量正五边形的边长及其内部不同线段的长度值；

4.计算不同线段的比值，分析结果。

提示：正五边形、正五角星形中存在黄金三角形。

第二节　平面解析几何的探索

圆形、三角形、四边形都是常见的几何图形，也是较早应用于设计中的几何元素。

新石器时期的彩陶装饰中就出现了各种三角形的纹样，说明人们很早就已经发现了三角形并将其应用到器物装饰之中。三角形看似简单，实则在众多几何图形中占据重要的位置，具有不可替代的作用。虽然三角形是平面图形中边数最少的图形，但多个三角形可以组合成四边形、五边形、六边形等多边形。此外，在结构上，三角形具有稳定性，这一优点在建筑设计、桥梁设计、工业设计、家具设计中均得到了广泛的应用。

圆形可以看成曲线围成的最简单的闭合几何图形。我们身边很多现象或事物都有圆形身影，每天升起的太阳是圆形的，满月也是圆形的，人的瞳孔也都是圆的。因为圆形在生活中如此常见，所以人们很早就开始将圆形用于生活用品的设计与制造中。

相较圆形，人们对于椭圆的认识就要晚得多。椭圆与圆、抛物线和双曲线被称为圆锥曲线，它们在古希腊时期就被发现并命名。发现椭圆的人是古希腊的几何学家梅内克缪斯（Menaechmus），他通过用平面来截取圆锥发现了椭圆、双曲线和抛物线，用平面切割圆锥产生的剖面的轮廓线就是圆锥曲线。

古希腊和古罗马的建筑形式中可以发现大量圆形的应用，西方建筑风格延续了这一形式特点。文艺复兴时期前后，椭圆形式也开始进入建筑领域，尤其是巴洛克风格的建筑中。圆形体现了古希腊和古罗马严谨的风格，椭圆体现了巴洛克风格活泼的特性。圆形和椭圆形的不同应用，显示出了微妙的差异。

随着对解析几何的认识的深入，人们开始将椭圆、抛物线和双曲线等应用于各类设计领域之中。

以椭圆为代表的圆锥曲线图形不仅具备和谐统一的形式美，同时具有平衡对称的特点，符合形式美中的平衡法则。此外，圆锥曲线为设计师提供了丰富的图形素材曲线和灵感。

椭圆的方程与曲线图形如图5-7所示：椭圆有两个焦点，两个焦点位于坐标的横轴上，两个焦点成镜像对

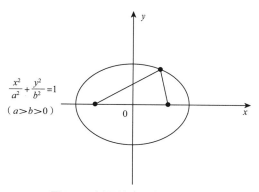

图5-7　椭圆的方程与曲线图形

称。椭圆焦点的性质不仅应用在一些光学设备上，而且应用于建筑设计之中。

【应用案例5-2】罗马圣彼得广场

图5-8为罗马圣彼得广场，呈椭圆形，椭圆的中心位置矗立着一座方尖石碑建筑，两座造型别致喷泉，分别位于椭圆的两个焦点位置上。地面用黑色石块铺成，两侧由大理石柱廊环抱。

图5-8　罗马圣彼得广场

圆锥曲线属于解析几何曲线图形中极小的一部分。解析几何方程定义了丰富多样的曲线图形。有些曲线图形具有独特的美感，已经用于平面和空间的形式设计之中。这些曲线不仅能够给设计带来灵感，也可以直接作为基本图形使用。摆线、双扭线、螺线、悬链线、超椭圆曲线图形是其中的典型代表。

设计师可以将这些曲线作为基础图形，使用图形生成方法和技巧，创造出更多的新图形。

超椭圆曲线是法国科学家加布里埃尔·拉梅（Gabriel Lamé）最早发现，因此也被称为"拉梅曲线"，其数学方程如式5-1所示：

$$\left|\frac{x}{a}\right|^{n}+\left|\frac{y}{b}\right|^{n}=1 \tag{5-1}$$

如果令方程中的$n=2$，参数a和b取两个相等的数，如$a=b=3$，曲线方程对应生成一个圆的图形。如果令方程中$n=2$，参数a和b取两个不相等的数，如$a=4$，$b=3$，曲线方程对应生成一个椭圆的图形。如果保持参数a和b的值不变，逐步增大n的值，如$n=2.5$、5、10、20，曲线方程对应生成图形也会逐渐发生变化，形成系列超椭圆曲线（图5-9）。

图5-9　超椭圆曲线图形

【应用案例5-3】环岛设计

图5-10为瑞典斯德哥尔摩市中心的一处环岛，由丹麦科学家、设计师、发明家兼作家皮亚特·海恩（Piet Hein）设计。此环岛采用了$n=2.5$的超椭圆曲线作为外部

轮廓线，同时满足了功能和形式的双重需求。

图5-10　超椭圆形环岛

课堂练习5-2：探索超椭圆图形

1.选择并打开相关数学软件；

2.输入超椭圆的方程式，画出超椭圆图形；

3.改变输入参数，继续画图；

4.总结参数变化对图形影响。

提示： 体会超椭圆的变化规律，超椭圆有不同的形态，但具有共性。

　　掌握丰富的几何知识有助于提高设计的价值，设计学科也需要学习和掌握一些数学知识，尤其是几何知识。从这些知识中，设计师可以汲取丰富的营养。

第三节　几何与空间设计

　　常见的空间图形包括棱柱、棱锥、棱台等平面构成的几何体。长方体属于一种特殊的棱柱，各种包装盒多为不同大小的长方体。长方体也属于六面体，它有六个面，十二条棱，八个顶点。用来砌墙的砖就是典型的长方体，大多数的现代建筑也不过是大尺寸的长方体。稍加留意就会发现，长方体在人们的生活中随处可见（图5-11）。

　　棱锥、棱台和棱柱一样，很早就被应用于建筑领域之中。一些古代的纪念性建筑物设计成棱锥形式，著名的古埃及金字塔就大多为四棱锥形式。中国古代的高台建筑物通常设计成棱台的形式，古代美洲玛雅金字塔也为棱台这种空间形式。

图5-11　生活中的长方体

正方体是一种特殊的长方体，也是人们熟悉的空间形式。与长方体不同，正方体具有很强的对称性。如果选取正方体的内部中心点作为参考点，它的顶点、棱、面都是对称分布的。

如果某个多面体的各个面都是全等的正多边形，并且每一个顶点所接的面数都相等，这样的多面体被称为正多面体。

正方体是一个典型的正多面体，它的每个面都是全等的正方形，并且每一个顶点所接的面数都相等。

古希腊哲学家柏拉图（Plato）首先发现正多面体共有五种，包括正四面体、正六面体（正方体）、正八面体、正十二面体和正二十面体。因此，这些特殊的多面体也被称为柏拉图立方体（图5-12）。

 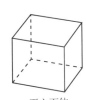

正四面体　　　　　正六面体　　　　　正八面体　　　　　正十二面体　　　　　正二十面体

图5-12　柏拉图立方体

课堂练习5-3：制作正十二面体模型

1.准备白纸、板材（KT板、瓦楞纸板或较厚的卡纸板等）、铅笔、橡皮擦、直尺、圆规、三角板、量角器、美工刀、剪刀、粘接材料（热熔胶枪、胶带纸、胶水或双面胶等）、切割垫板等材料和工具；

2.在板材上绘制正十二面体的平面展开图；

3.裁切板材制作正十二面体模型并进行观察；

4.总结正十二面体的结构特点。

提示： 正多面体点、线、面的数量满足固定关系。

对正方体进行不同角度的切割，会产生不同的截面及新的空间图形。同理，切割其他四种正多面体，同样会产生很多新的空间几何体。

通过切割正多面体，阿基米德（Archimedes）也发现了一些特殊的空间几何体，这些几何体具有空间对称性，表面均由两种以上正多边形组成，并且所有顶点都等价。这些空间几何体被称为半正多面体或阿基米德立方体。

半正多面体共有13种类型，如图5-13所示。

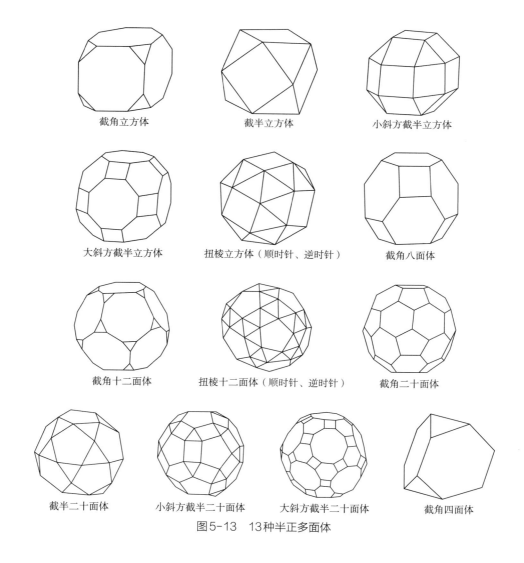

截角立方体　　　　　　　截半立方体　　　　　　　小斜方截半立方体

大斜方截半立方体　　　扭棱立方体（顺时针、逆时针）　　　截角八面体

截角十二面体　　　扭棱十二面体（顺时针、逆时针）　　　截角二十面体

截半二十面体　　　小斜方截半二十面体　　　大斜方截半二十面体　　　截角四面体

图5-13　13种半正多面体

13种半正多面体中，6种类型由正方体和正八面体切割而成，6种类型由正二十面体和正十二面体切割而成，1种类型由正四面体切割而成。

5种正多面体和13种半正多面体均具有空间对称性，对称性是形式审美的重要法则，因此这两类几何体不仅吸引了几何学家的目光，同时也引起了设计师们的关注。

【应用案例5-4】古代半正多面体印章

图5-14 孤独信的印章

图5-14为陕西省出土的西魏独孤信的印章，它是由质地坚硬、颜色黝黑的煤精制成。这枚印章为半正多面体中的小斜方截半立方体，共有48条棱，26个面，正方形印面18个，三角形印面8个。其中，14个正方形印面镌刻了印文。

课堂练习5-4：制作独孤信印章模型

1.准备白纸、板材（KT板、瓦楞纸板或较厚的卡纸板等）、铅笔、橡皮擦、直尺、圆规、三角板、量角器、美工刀、剪刀、粘接材料（热熔胶枪、胶带纸、胶水或双面胶等）、切割垫板等材料和工具；

2.在板材上绘制独孤信印章的平面展开图；

3.裁切板材制作独孤信印章模型并进行观察；

4.总结独孤信印章的结构特点。

提示：设计时注意半正多面体的顶点、棱、面的特点。

常见的空间图形不仅有棱柱、棱锥、棱台等平面构成的几何体，还有曲面构成的几何体。这些几何体包括人们熟知的圆柱、圆锥、圆台和球体，这些几何体均由曲面构成（图5-15）。此外，还有大量不规则的几何体。

图5-15 常见旋转体

圆柱、圆锥、圆台和球体常被称为旋转几何体。旋转几何体指由一个平面图形绕它所在平面内的一条定直线旋转所成的封闭几何体（图5-16）。

圆柱指以矩形一边所在直线为旋转轴，其余三边旋转一周形成的几何体。

圆锥指以直角三角形的一边所在直线为旋转轴，其余两边旋转一周形成的几何体。

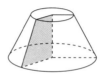

图5-16　旋转体定义

　　圆台指以直角梯形中垂直底边的腰所在直线为旋转轴，将直角梯形旋转一周所形成的几何体。也可以看成用平行圆锥底面的平面，截去圆锥上半部分，剩余的几何体部分。

　　球体指以半圆的直径所在直线为旋转轴，半圆面旋转一周形成的几何体。

　　球体属于旋转几何体的一种类型，与棱柱、棱锥、棱台不同，球体由曲面构成。以球体作为基本空间图形对其进行切割，切割后的截面只有一种类型，即半径不同的圆形。如果均匀分割，球体将被分为两个半球体。

【应用案例5-5】巴西议会建筑

　　巴西议会大厦的整体形态由两个半球体和两个直立的薄片形长方体组成，其中，两个半球体分别采用正放、反放两种不同的姿态。从这栋建筑的设计可以看出，采用适合的尺度，简单的分割体同样可以产生壮观的视觉效果（图5-17）。

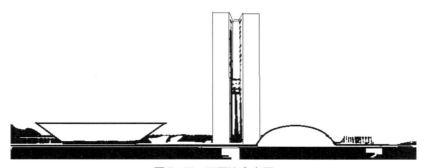

图5-17　巴西议会大厦

课堂练习5-5：制作圆柱体包装盒

1.准备白纸、板材（KT板、瓦楞纸板或较厚的卡纸板等）、铅笔、橡皮擦、直尺、圆规、三角板、量角器、美工刀、剪刀、粘接材料（热熔胶枪、胶带纸、胶水或双面胶等）、切割垫板等材料和工具；

2.设计圆柱体的包装盒整体结构，画出包装盒展开图；

3.制作完成圆柱体包装盒；

4.总结圆柱体包装盒的制作过程和要点。

提示：包装盒的连接部分是包装设计的关键点之一。

第四节 空间解析几何的探索

解析几何包括平面解析几何和空间解析几何两个部分，前者多用于平面形式设计，后者多用于空间形式设计。平面解析几何使用二维坐标系统，空间解析几何使用三维坐标系统。熟悉和理解三维坐标系统不仅有助于设计师更好地进行空间形式设计，而且有助于设计师有效地使用数字化设计工具。

平面上的曲线可以用方程来表示，空间中的曲面同样可以用方程来描述，组成曲面的点可以用三维的直角坐标系中的坐标来表示。平面解析几何中的方程与平面上的曲线相对应，空间解析几何中的方程与空间上的曲面相对应。

平面解析几何中的方程一般有两个未知数，定义了平面上的一条曲线。类似地，空间解析几何中的方程一般有三个未知数，它定义了空间中的一个面。

如果曲面 S 与方程 $F(x,y,z)=0$ 有下述关系：曲面上任意一点的坐标都满足该方程，不在曲面上的点的坐标都不满足该方程，则 $F(x,y,z)=0$ 称为该曲面的方程（图5-18）。

三元二次方程 $Ax^2+By^2+Cz^2+Dxy+Eyz+Fzx+Gx+Hy+Iz+J=0$（二次项系数不全为0）所表示的曲面称为二次曲面。

二次曲面的形式有很多种类型，这些曲面可以分为柱面、锥面和旋转曲面三种类型。一些二次曲面因为具有特殊的性质，因而在建筑设计、工业设计、家具设计等领域得到了广泛应用。以汽车行业为例子，各种金属材质、光滑对称、极具流线感的车身曲面一直是设计师们努力的目标。

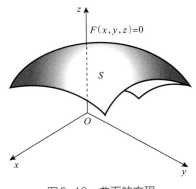

图5-18 曲面的方程

柱面常被现代建筑设计师用作建筑物的外墙形式，柱面的应用使建筑物具有新颖的现代感。其中，西班牙古根海姆博物馆是应用柱面的典型建筑。

【应用案例5-6】西班牙古根海姆博物馆

图5-19为西班牙古根海姆博物馆，它是由著名建筑师弗兰克·盖里（Frank Gehry）设计。该建筑物于1997年建成，为典型的数字化技术设计的建筑物。整个建筑的材料为玻璃和钛，由这些材料构成各种平滑、复杂的曲面。

图 5-19　西班牙古根海姆博物馆

课堂练习 5-6：探索柱面

1. 选择并打开相关数学软件；

2. 输入柱面方程式，画出图形；

3. 改变输入参数，继续画图；

4. 总结不同柱面的形状特点。

提示： 各种曲面构成的建筑物是部分现代建筑师喜欢的风格。

　　一条平面曲线绕其平面上一条定直线旋转一周所形成的曲面称为旋转曲面，该定直线称为旋转轴。旋转曲面包括球面、椭球面、双曲面和抛物面。

【应用案例 5-7】中国国家大剧院

　　图 5-20 为中国国家大剧院，位于北京市，于 2007 年 4 月建成。剧院建筑物外部为钢结构壳体，呈半椭球形，平面投影东西方向长轴长度约 212 米，南北方向短轴长

图 5-20　中国国家大剧院

度为144米，建筑物高度为46米，椭球壳体外环绕人工湖。中国国家大剧院包括三大专业剧场和一个多功能小剧场，以及大量的公共空间。

课堂练习5-7：探索椭球曲面

1.选择并打开相关数学软件；

2.输入椭球面的方程式，画出椭球图形；

3.改变输入参数，继续画图；

4.观察不同形态的椭球特点。

提示：椭球也是现代建筑设计、工业设计、灯具设计、产品设计中常见形态。

直纹曲面是由一族或两族直线所生成的曲面，生成曲面的直线称为该曲面的直母线。柱面、锥面都是直纹曲面，这些曲面均可以看成由一族直线构成。

直纹曲线的特殊性质使其被广泛应用于在工业产品、日用品、家具和建筑中。直纹曲线独特的空间形式也成为很多行业设计师的创意来源。

工业生产中的冷却塔一般设计成单叶双曲面的空间形式。冷却塔利用简单的烟囱效应，带动空气在塔内对流，从而实现降温的目的。

【应用案例5-8】广州塔

图5-21为广州塔，又称广州新电视塔，位于广州市海珠区，于2009年9月建成。建筑整体高约600米，主塔高度约450米，天线桅杆高约150米，总建筑面积约12万平方米，整个塔身在中部扭转向上，形成高耸灵巧的建筑风格。

图5-21 广州塔

课堂练习5-8：制作直纹曲面模型

1.准备白纸、细长的木、竹或塑料杆件、皮筋或胶圈、板材（KT板、瓦楞纸板或较厚的卡纸板等）、铅笔、橡皮擦、直尺、圆规、三角板、量角器、美工刀、剪刀、粘接材料（热熔胶枪、胶带纸、胶水或双面胶等）、切割垫板等材料和工具；

2.思考各种直纹曲面的母线特点，选择恰当的材料制作母线；

3.利用母线制作某种直纹曲面的框架模型并进行观察；

4.分析直纹曲面的外形特点。

提示：各种直纹曲面是现代建筑师喜欢采用的空间形式。

椭球面、双叶双曲面与椭圆抛物面都不是直纹曲面。双曲抛物面的形状酷似马鞍，常被称为马鞍面。经过马鞍面上的每个点都有上下两条抛物线，这两条抛物线由相互垂直的两个平面切割双曲面形成。马鞍面结构具有抗压和抗拉的特点，成为很多现代运动场馆的结构选择。

【应用案例5-9】国家速滑馆

图5-22为国家速滑馆，该馆位于北京市，作为2022年北京冬奥会冰上竞赛项目使用场馆。速滑场馆的屋盖结构采用双曲抛物面，即俗称的马鞍面。

图5-22　国家速滑馆

双曲抛物面也是直纹曲面，曲面上的任意一点都有两条直母线经过。建造双曲抛物面形式建筑物的钢筋混凝土薄壳时，使用直线形的构件搭建模板，而不需要用到更难加工的曲线形模板。双曲抛物面的直纹特性，极大降低了施工的难度，节省了建造成本。

课堂练习5-9：探索马鞍面

1.选择并打开相关数学软件；

2.输入马鞍面的方程式，画出马鞍面图形；

3.改变输入参数，继续画图；

4.观察不同形态的马鞍面的特点。

提示：一些特殊曲面在建筑上的应用与结构技术有关。

第五节　拓扑与分形几何

莫比乌斯环是一种重要的拓扑学结构，它是只有一个面和一条边界的封闭曲面。莫比乌斯环有一些独特的性质，它只有一个无始无终的面，代表着永无休止的循环。

莫比乌斯环可以用一个纸带旋转半圈，再把两端粘上后完成。如果沿着莫比乌斯环的中线剪开，将会形成一个比原来大一倍的环。如果再沿着这个环的中线剪开，会形成两个完全一样的且具有正反两个面的环。

莫比乌斯环的概念与形式被广泛应用于平面媒体、公共艺术装置、工业产品、建筑与桥梁设计领域中。

【应用案例5-10】循环再生标志

图5-23为生活中常见的循环再生标志，通常用来表示回收利用、循环再生和节约资源，表达了可持续发展的理念。将莫比乌斯环"压平"，形成了这个独特的三角形轮廓的标志图案。

图5-23　循环再生标志

【应用案例5-11】凤凰国际传媒中心建筑设计

图5-24为凤凰国际传媒中心，该中心位于北京市朝阳区，外壳采用钢结构，主体采用钢筋混凝土结构。建筑设计使用了莫比乌斯环的概念，整体呈现出内外相连、无限循环的几何形态。

图5-24　凤凰国际传媒中心

课堂练习5-10：制作纸质莫比乌斯环

1.准备白纸、铅笔、橡皮擦、直尺、剪刀、粘接材料（胶带纸、胶水或双面胶）等材料和工具；

2.利用上述材料和工具制作若干个莫比乌斯环纸带；

3.观察制作的莫比乌斯环的空间形态；

4.将莫比乌斯环形纸带压扁，观察所形成的平面图形的特点；

5.用剪刀将莫比乌斯环形纸带沿中线剪开1～2次，观察结果；

6.根据上述操作，总结莫比乌斯环的特点。

提示： 多角度观察莫比乌斯环的形状特点。

"分形"一词由数学家伯努瓦·曼德布罗特（Benoit Mandelbrot）首次提出，他在著作《大自然的分形几何学》中写道："我构思和发展了大自然的一种新的几何学，并在许多不同的领域中找到了用途。它描述了我们周围的许多不规则和支离破碎的形状，并通过鉴别出一组我称为分形的形状，创立了相当成熟的理论。"

自然界中一些蕨类、枫树的叶子、花椰菜、河流、山体具有自相似的特性，这些现象均体现了分形图形的外部形态，显然，大自然"无处不分形"。正是由于分形现象在自然界普遍存在，分形几何被称为"描述大自然的几何学"。

除了自然界中已发现的分形现象，抽象的数学领域中同样发现了一些分形图形，康托尔集图形就是其中的一种（图5-25）。

图5-25　康托尔集图形

除了康托尔集图形，著名的分形图形还有科赫曲线、谢尔宾斯基三角形、龙形曲线、毕达哥拉斯树等。这些分形图形形状奇特，因其隐含的自相似特性而表现出一种和谐的美感。

课堂练习 5-11：制作康托尔集图形剪纸

1.准备白纸、铅笔、橡皮擦、直尺、三角板、美工刀和剪刀等材料和工具；

2.绘制康托尔集图形，设计剪刻方案；

3.利用上述材料和工具制作康托尔集图形剪纸；

4.观察制作完成的康托尔集剪纸，总结其特点。

提示：观察康托尔集图形的自相似特性。

1980年，曼德布罗特发现并以他的名字来命名了一个有趣的特殊"集"——曼德布罗特集。曼德布罗特集是一个复数c的集，由式5-2迭代生成。

$$z_{n+1}=z_n^2+c \qquad （5-2）$$

曼德布罗特集公式从$z_0=0$开始迭代，得到的值可以组成一个数列，依次为c，c^2+c，$(c^2+c)^2+c$，其中$c\neq0$。当该数列发散到无穷时，在复数平面上对应的点就组成了曼德布罗特集。将该集中的点在复数平面的坐标显示出来，形成曼德布罗特集分形图，如图5-26所示。

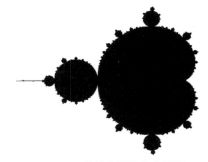

图5-26 曼德布罗特集分形图

课堂练习 5-12：探索分形图形

1.选择并打开相关数学软件；

2.输入分形的方程式，画出分形图形；

3.改变输入参数，继续画图；

4.观察不同形态的分形图形的特点。

提示：通过数学软件可以观察到分形图形的自相似特性。

从形式美法则的角度分析，拓扑与分形图形都符合和谐、平衡、节奏、层次和情感等形式美的基本法则。

【本章小结】

　　第一节简要介绍了设计中涉及的数学知识，重点介绍了比例、黄金比例的基本知识，简要介绍了黄金比矩形、黄金比三角形、黄金比椭圆和黄金比螺线的基本知识。第二节简要介绍了平面解析几何的基本知识，以椭圆和超椭圆为例介绍了平面解析几何在平面设计领域中的典型应用。第三节简要介绍了常见的空间几何体、欧拉正多面体、阿基米德半立方体的基本知识及应用。第四节简要介绍了空间解析的基本知识，几种常用的空间解析几何曲面图形在现代建筑设计中的应用。第五节简要介绍了拓扑几何和分形几何的基本知识，拓扑几何在现代设计中的初步应用。

关键词

　　比例、黄金比例、正多面体、半正多面体、平面解析几何、空间解析几何、拓扑几何、分形几何

本章作业

一、设计练习

（1）应用黄金比例，设计并绘制某产品或品牌的标志。

（2）应用超椭圆的知识，设计一款具有当代风格的座椅或其他家具。

（3）应用莫比乌斯环的知识，设计一款户外公共艺术装置，不限材料类型。

二、项目实践

小组合作为某数学学院设计一件室内公共艺术装置。

（1）调研数学学院的人员、建筑环境和历史等；

（2）分析并明确室内公共艺术装置的实际需求，包括位置、主题、材料和形式等；

（3）提出初步设计概念，探索空间解析几何知识的应用，绘制设计草图；

（4）利用身边的废弃材料，制作室内公共艺术装置的简易模型；

（5）展示、调研和改进设计方案；

（6）制作演示文稿，进行项目成果的展示、汇报和交流。

三、思考与讨论

（1）2002年第24届国际数学家大会在北京召开，该届会议的会徽（图5-27）以"赵爽弦图"作为图案原型。思考数学知识在平面设计中的应用特点并举例说明。

图5-27　第24届国际数学家大会会徽

（2）举例说明解析几何图形在平面设计中的应用。

（3）讨论分形将会给未来平面设计带来什么影响。

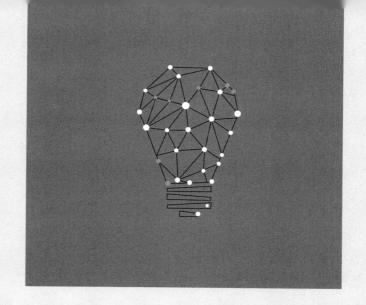

第六章
创新思维与数字化设计

【学习目标】

1.了解并掌握常用的几种创新思维方法及特点；

2.了解创新思维的若干来源；

3.了解并掌握数字化工具知识及特点。

【重难点】

1.理解并掌握创新思维的几种常用方法；

2.理解并掌握常用数字化工具。

第一节　创新思维方法

好奇心是人类的天性，为了生存和发展，人类不断在好奇心的驱使下进行各种探索。通过对周围事物的观察和模仿，人类逐渐发明创造出各种生活所需要的工具和器物，语言和文字。这些发明创造体现了人类固有的创新意识和创新能力，随着知识的积累、技术的积累、社会的进步，人类逐步积累了一些创新思维的方法并将其应用于实践。通过创新设计，人类改变了自身的生活和周边的环境，塑造了现在的世界。

如何才能创造出优秀的产品？战国时期的《考工记》中写道："天有时，地有气，材有美，工有巧。合此四者，然后可以为良。材美工巧，然而不良，则不时，不得地气也。"优秀的产品需要创新设计，实现创新设计需要多个条件。《考工记》时代的人们已经意识到这一点，不仅需要天时和地利，还需要材料和工艺。

创新是指创造新的事物的活动或能力，创新与创造力密切相关。《辞海》将创造力定义为："从事创造性活动并获得创造性成果的能力。包括对已有知识和经验进行加工和创造，产生新概念、新知识、新思想的能力。"

根据创新产品的难度不同，创新可分为"从0到1"和"从1到无穷"两个层级，二者具有本质的不同。"从0到1"的创新需要具有突破性、颠覆性的成果，体现了人类社会的巨大的创造性。历史上为数不多的重大发明属于这个层级的创新。绝大多数创新属于"从1到无穷"层级，这类创新大多是在原有事物的基础上进行改进，也被称为微创新。"从1到无穷"的创新也是"从0到1"创新的基础，二者之间的变化包含了从量变到质变的关系。

人们对于创新思维产生的原因有不同的看法，有些观点认为，创新思维是直觉的产物，没有规律可循。另有观点认为，创新思维是理性的产物。仅依靠直觉或仅靠理性进行创新，都存在一定的局限性。从大量的创新案例来看，创新思维的产生与直觉和理性均有关系，是二者融合的产物。

创新思维的一些基本方法源于设计师们的实践活动，这些基本方法代表了创新思维的理性成分。掌握这些方法可以有效促进创新思维的产生。

头脑风暴法、拼贴法、思维导图法、5W1H法、六顶思考帽法、SCAMPER法是其中常用的几种方法。创新的思维过程是思维发散和收敛的过程，这几种方法的目标是解决思维发散和收敛的难题。除了上述几种方法，类似的方法还有很多，它们的作用大同小异。

头脑风暴法、拼贴法采用团队方式，适用于小组工作方式。这两种方法有利于发散思维的形成。

头脑风暴法一般遵循以下几个步骤。

（1）确定讨论主题，确定主持人；

（2）讨论由主持人发起，专人负责记录；

（3）参与者发表各自观点，不进行点评；

（4）对发言进行记录和分类，根据需要继续讨论。

头脑风暴法通过群体参与的形式，激发大量创意，再经过系统分析，找到最佳的可行方案。

拼贴法也称小组拼贴法，指将多种材料自行组合，从而产生一个新的作品，并将其贴在一个二维的平面上。拼贴的材料包括但不限于纸张、照片、报纸、布料，任何可以想到的材料，都可以用于拼贴之中。

设计师们在寻找设计创意的过程中，需要将个人的想法，用图像的形式清晰展示出来。这些图像配合简洁的语言和文字，可以充分表达出设计者的灵感。小组成员通过分类、对比和总结这些可视化的信息，再通过小组讨论，对全体成员的想法进行重组、修改、叠加、删减等优化处理，最终形成最为合适的解决方案。

拼贴法能够帮助小组成员互相促进灵感的生产和优化。

课堂练习6-1：探索小组讨论方法

1.选择头脑风暴法或拼贴法作为小组讨论形式；

2.选择设计主题，进行概念设计的讨论；

3.进行小组讨论，收集创意成果；

4.整理讨论结果，分析小组讨论的价值。

提示：头脑风暴法和拼贴法适合小组工作方式，体现了集体思维的力量。

思维导图法、六顶思考帽法适用于个人独立工作方式。这两种方法有利于发散思维的形成。

思维导图又名心智导图，它是一种分析事物关系的可视化的思考工具，可用来促进发散思维的产生和表达。思维导图简单、易用且高效，是帮助激发设计师设计灵感的有效工具。

思维导图法是一种将思维形象化的方法。它将进入大脑的信息总结为关键节点，各个关键节点根据流程关系和顺序进行连接。相互连接的关键点呈现出网状结构，形成结构化的存储模块，便于大脑的快速记忆和提取。

六顶思考帽法是指使用六种不同颜色的帽子代表六种不同的思维模式。它也是一种辅助进行发散思考的工具，引导设计师从以下六个方面进行思考。

（1）白色思考帽：寓意中立和客观，要求关注客观的事实和数据。

（2）绿色思考帽：寓意创造力和想象力，要求创新性的思维方式。

（3）黄色思考帽：从正面考虑问题，表达乐观的、建设性的观点。

（4）黑色思考帽：立足否定和质疑，采用批判性思维方式发表意见。

（5）红色思考帽：立足情绪表现，表达直觉感受和看法。

（6）蓝色思考帽：控制、调节和规划思考过程，负责做出结论。

课堂练习 6-2：探索思维导图法和六顶思考帽法

1.准备便利贴、中性笔、白板笔和白板等材料和工具；

2.选择设计主题，采用思维导图法或六顶思考帽法，进行创意思考并记录；

3.将个人创意粘贴或绘制在白板上；

4.整理创意，讨论思维导图法和六顶思考帽法的优缺点。

提示：思维导图法和六顶思考帽法均适合个人的创意思考。

5W1H法和思维导图法均用于个人的思考工具。5W1H法与思维导图法有所不同，思维导图法对于思考方向和范围没有限制，参与者可以提出任何范围和类型的创意想法。而5W1H法帮助限定设计师将放散思维限制在一定的方向上，帮助设计师在限定范围内寻找灵感与创意。

5W1H法是由英文单词What、Why、Where、When、Who和How的单词的首字母组成，它是一种辅助人们进行发散思考的工具，引导设计师从以下六个方面进行思考。

（1）What表示设计的目标是什么？设计的创新点在哪里？

（2）Why表示为什么要做这个设计？

（3）Where表示产品应用在什么地方？产品在哪里销售？

（4）When表示产品的使用寿命是多长时间？

（5）Who表示产品要提供给什么样的客户？客户有什么特点？

（6）How表示如何实现设计目标？如何体现产品的特色？

SCAMPER法的名称由英文Substitute（替代）、Combine（合并）、Adapt（改

造）、Modify（修改或调整）、Put to other uses（改变用途）、Eliminate（消除或去除）、Reverse（反向思考）七个单词的首字母构成。它也是一种辅助进行发散思考的工具，引导设计师从上述七个方面进行思考。

与5W1H法相比较，SCAMPER法提出了七种激发创意的路径，提高了设计效率。

> **课堂练习 6-3：探索 5W1H 法和 SCAMPER 法的应用**
> 1.准备便利贴、中性笔、白板笔、白板等材料和工具；
> 2.选择设计主题，利用 5W1H 法和 SCAMPER 法进行个人思考；
> 3.将个人创意粘贴或绘制在白板上；
> 4.整理创意，讨论 5W1H 法和 SCAMPER 法的优缺点。
> **提示：5W1H 法和 SCAMPER 法可以帮助设计师聚焦思维。**

创新对于设计至关重要，没有创新性的作品很难获得成功。创新能力也是未来设计师获得成功的必要条件。要成为一名具有创新能力的设计师首先需要扎实专业知识，即设计学科专业知识。其次，需要广博的非专业知识。这些非专业知识与设计密切相关，能够激发创新灵感，包括美学、艺术、民间美术、认知心理学、几何、数字媒体新技术等。创新不仅需要了解行业的发展历史，更需要了解社会发展趋势。

具备一定的知识和素养并不能保证设计师能够开发出有创意的产品，还需要大量的实践。经过多年的发展，设计领域已经积累很多激发创意的方法，这些方法类型多样，使用场景各异。如果设计师了解并掌握这些方法，针对不同的用户需求进行应用，就有可能实现作品或产品创新。

随着社会的发展，人们对于产品形式和功能的要求也在不断提高。成功的产品需要设计师、制造工程师、材料工程师、市场营销、品牌推广等各类专业人员的共同参与，设计师需要提高协作意识和能力。

综上所述，知识和素养、创新方法、协作能力形成了创新实践的基础。

第二节　创新灵感的来源

创新灵感源于传统的继承与改进，创新也具有不同的层级。大多数创新属于改进型的创新，即在原有的基础进行适度的改进，也称"微创新"。层级更高的创新属于突破性的重大创新。对于设计领域而言，微创新和重大创新的目标一致，都是为了解决用户的实际问题。因此，不同层次的创新活动、创新设计都需要立足于用户的需求，把用户需求作为创新的出发点。系统分析用户需求是寻找创新灵感的第一步。

此外，借鉴自然、跨文化的交流、不同行业的借鉴、材料和工艺的发展均可以作为寻找创新灵感的有效途径。

人们很早就认识到自然界不仅是物质材料的供应源，还是创意和灵感的宝库。"师法自然"是中国传统艺术和设计领域遵循的重要创作法则。先秦思想家老子在《道德经》中写道："人法地，地法天，天法道，道法自然。"

模仿是人类的天性，早期的人类通过观察和模仿自然界的现象和事物，逐步掌握了生存和发展的技能，形成并积累了丰富的平面与空间形式类型。通过对这些形式类型的加工和处理，由此产生了更多的新的形式类型。同时，通过抽象的手法，使部分形式具有象征的含义。

中国传统园林独具特色，设计中充分体现了师法自然的理念。传统的园林多建在城市之中，园林通过奇石、植物、水面模仿自然的山水风貌。设计者用奇石模仿山峰，用树木模仿林地，用人造的水面模仿湖面、溪流或瀑布。这些设计给予游园者身处自然的感受（图6-1）。

中国传统园林中的建筑细部也体现了师法自然的理念。园林建筑中的窗棂图案常采用模仿自然界冰裂的纹样。冰裂纹图案寓意寒冬即将过去，春天即将到来，万物开始复苏。有些图案还将梅花纹和冰裂纹结合在一起，形成寓意更加丰富的冰梅纹

图6-1　传统园林景观

（图6-2）。冰裂纹不仅广泛应用于园林建筑中，还应用在传统家具、瓷器、木版年画和剪纸中。

冰裂纹

冰梅纹

图6-2　冰裂纹和冰梅纹窗棂

课堂练习6-4：制作冰裂纹窗棂模型

1.准备白纸、板材（KT板、瓦楞纸板或较厚的卡纸板等）、铅笔、橡皮擦、直尺、圆规、三角板、量角器、美工刀、剪刀、粘接材料（热熔胶枪、胶带纸、胶水或双面胶等）、切割垫板等材料和工具；

2.设计冰裂纹窗棂图案，完成图案草图；

3.选择使用准备的材料，制作冰裂纹窗棂模型；

4.总结仿生设计的方法和特点。

提示：师法自然一直是中国传统绘画艺术重要的创作理念。

不仅自然界中的冰裂现象可以模仿，动植物同样是模仿和借鉴的对象。

中国传统玩具中有一种俗称竹蜻蜓的竹制玩具，它由类似双翅的竹片和与之垂直相连的一根细竹条组成，形成"T"字形状。用双手搓动细竹棍后放开，竹蜻蜓就可以飞动起来。制作竹蜻蜓的灵感来自槭属植物翅果的形态，这种植物的种子以旋转方式落地。

模仿动物的设计在新石器时期制作的陶器中就能找到，这些陶器模仿各种动物，形态逼真，制作工艺精湛（图6-3）。

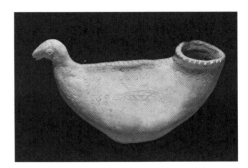
图6-3　齐家文化红陶刻划纹鸟形器

课堂练习6-5：设计并制作模仿动物形象的马克杯

1. 选择某种动物作为模仿对象；

2. 分析所选模仿对象的特性；

3. 结合马克杯的特点，完成设计草图；

4. 制作完成马克杯的简单模型；

5. 总结仿生设计的特点和方法。

提示：日常器物也可以作为模仿的对象。

除了陶器，古代漆器、玉器、青铜器、瓷器也出现大量模仿动物的器物。有些器物不仅模仿动物的外部形态，还模仿和借鉴动物的某些器官的功能。

不仅传统园林、陶器、瓷器、漆器、玉器、青铜器从自然中汲取灵感，现代建筑同样重视对自然的学习和借鉴。例如，一些设计师模仿气泡、松果、蜂窝、蚁巢的形态或原理来设计建筑和日用产品。

国家游泳中心，又称水立方，是2008年北京奥运会的游泳比赛场馆。场馆建筑形如扁平的长方体盒子，表面由形如水面气泡造型的材料覆盖。这些"气泡"由乙烯－四氟乙烯共聚物制成，可透过更多光线且减少热量的损失。这座建筑巧妙地将仿生、节能等设计理念有机结合起来（图6-4）。

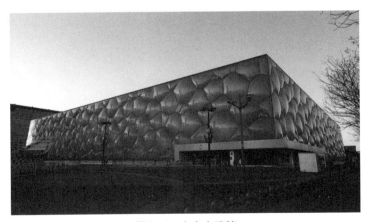

图6-4　水立方建筑

设计作为一种文化现象，一定会受到所处社会的文化影响。不同的地域文化形成了不同的设计文化，使不同地域的设计作品具有鲜明的特点。

不同文化之间的交流也会促进设计作品的风格的变化。一些创新的设计成果也是文化交流的产物，这样的例子自古就有。

中国传统建筑中的古塔融合了中国传统建筑的特色，形成了极具特色的塔式建筑。不仅建筑，很多典型图案同样是文化交流的产物。例如，狮子、宝相花均是跨文化的产物，均是由著名的丝绸之路自西向东输入我国。

【应用案例6-1】狮子滚绣球砖雕

图6-5所示砖雕的主题为"狮子滚绣球"，采用高浮雕的雕刻技法，雕刻出两只追逐绣球的狮子。传统民间文化认为大小两只狮子寓意仕途顺利，子孙兴旺，好事不断。此外，狮子还是百兽之王，能镇宅辟邪。

图6-5　狮子滚绣球砖雕

北欧的设计具有独特的风格，设计师们在继承本地文化传统的同时，也在不断学习、借鉴和吸收其他地区的文化传统。其中，中国传统文化中的器物设计理念和技艺带给北欧设计师很多灵感，尤其是家具和瓷器行业。

【应用案例6-2】丹麦"中国椅"

图6-6为丹麦著名设计师汉斯·约根森·维纳（Hans J. Wegner）1944年设计的一款名为"中国椅"的现代家具。这款椅子深受中国传统明式家具的式样的影响，设计师在明式"官帽椅"基础上，结合了丹麦的家具传统工艺，设计出这款著名的家具产品。

图6-6　丹麦"中国椅"

> **课堂练习6-6：探索文化差异**
>
> 1.收集狮子在古代西亚中的形象；
>
> 2.收集狮子在我国古代社会中的形象；
>
> 3.对比二者的差异，分析差异出现的原因；
>
> 4.总结文化差异对创新灵感的影响。
>
> **提示：不同区域的文化可以相互借鉴。**

中国传统工艺经过数千年的发展，制作了大量的经典作品，积累丰富多样的形式类型，形成了独特的美学观点。中国传统工艺不仅影响着人们的日常生活，也为现代设计师带来了很多的灵感。设计师需要了解和掌握传统手工艺的基本原理和特点，创造出新的平面与空间形式。

中国传统工艺涉及日常生活的方方面面，有些传统工艺已经消亡，有些传统工艺依然存在，如编织、陶瓷、织锦、印染、刺绣、玉器、漆器、剪纸、木版年画等。

根据从工艺原理的不同，传统工艺可以分为两类。一类与物理变化有关，这类传统工艺包括编织、织锦、刺绣、剪纸、玉器等。另一类与化学变化有关，这类传统工艺包括陶瓷、印染、漆器、木版年画等。两种类型对于平面和空间形式产生不同的影响。

根据材料的不同，中国传统编织工艺分为竹编、藤编、柳编、草编等多种类型。这些编织工艺的原理基本相同，均采用篾条进行纵横穿插操作，形成变化多样的具有几何风格的图案形式，也可以形成具有存储或承重的空间形态。

课堂练习6-7：探索编织工艺

1.准备白纸、铅笔、橡皮擦、直尺、三角板、纸条、竹篾、纸藤条等材料和工具；

2.设计要编织的图案，完成图案草图；

3.熟悉基本的编织技法，完成平面编织图案；

4.总结编织图案与编织技法的关系。

提示：通过横向和纵向的编织操作，可以产生大量具有几何风格的图案。

中国传统的陶瓷工艺具有悠久的历史，新石器时期的彩陶不仅器形各异，表面装饰的图案也独具特色。瓷器诞生于中国，曾经广泛影响和推动了世界陶瓷行业的发展，尤其是以白地蓝花为主色调的青花瓷，影响最为深远。与青花瓷的蓝白风格相类似，印染工艺中的蓝印花布也曾风靡一时。

课堂练习6-8：探索陶瓷与印染

1.准备白色的一次性纸盘、彩笔、铅笔、橡皮擦、直尺、圆规、三角板、量角器等材料和工具；

2.模仿青花瓷或蓝印花布风格，设计盘子装饰图案；

3.在空白盘子上完成蓝白风格的装饰图案；

4.总结青花瓷和蓝印花图案的特点。

提示：在曲面上绘制图形与在平面上绘制图形有所不同。

中国传统剪纸艺术反映了人们的物质和精神生活。中国北方和南方的剪纸具有不同艺术风格，北方地区剪纸较为粗犷，南方地区的剪纸较为精细。中国传统剪纸有阳刻和阴刻两种不同的表现手法，通过剪纸艺人的剪刀或刻刀，产生了无数线条流畅、想象力丰富的作品。这些剪纸作品的内容、技法和风格，值得现代设计师们借鉴和学习。

课堂练习6-9：探索剪纸工艺

1.准备白纸、铅笔、橡皮擦、直尺、圆规、三角板、量角器、美工刀、剪刀、切割垫板等材料和工具；

2.选择剪纸的主题，构思剪纸图形的设计草图；

3.熟悉基本的剪纸技法，根据设计草图，完成剪纸作品；

4.总结剪纸的工艺和图案特点。

提示：体会传统剪纸技艺中的阳刻、阴刻对作品风格的影响。

材料与工艺密切相关，材料与结构密切相关，结构决定了形态。

我国传统民间木制玩具中有一种特殊的木旋玩具。这类玩具的材料为木材，因为使用的加工工具为简单的旋切工具，所以制作出的木旋玩具均具有相同风格，玩具的外部形态均由不同半径的圆柱体组合而成（图6-7）。

图6-7　民间木旋玩具

生活在北极的人们用冰雪材料建造雪屋，生活在草原的人们使用木材与皮革建造帐篷，而生活在森林的人们用林木建造木屋。雪屋、帐篷、木屋的功能基本相同，都是为人们提供生活的空间。但这三种房屋具有不同的外部形态，很容易进行区分。三者的形态之所以不同在于建造材料，材料不同导致建造工艺的不同，工艺不同往往产生不同的空间形式。

钢铁、玻璃、混凝土等材料是现代建筑材料的典型代表。这些材料的发明是现代高层建筑、桥梁出现的必要条件。其中，法国埃菲尔铁塔是采用钢铁作为建造材料的典型代表。

埃菲尔铁塔由法国著名建筑师、结构工程师古斯塔夫·埃菲尔（Gustave Eiffel）设计。铁塔是由很多分散的钢铁构件组成的，总高324米。这座世界著名的建筑是法国文化象征之一，也是巴黎的地标建筑（图6-8）。

图6-8　埃菲尔铁塔

传统的家具行业以木、竹、藤为主要材料，家具的形态较为固定。塑料、钢管、合成木材等新材料的出现，给现代家具行业带来变化。塑料的大规模应用出现在第二次世界大战之后，因其具有成本低、耐用、可塑性强、容易加工等特点，成为工业制品、日用产品的主要材料，逐步取代了部分金属、陶瓷、木材等传统材料制作的产品，尤其对于日常用品的设计与生产产生了深远的影响。

以现代家具行业为例，家具设计师以塑料为材料设计开发了很多别具特色的凳子和椅子，这些凳子和椅子成本低、样式美观、重量轻，满足了人们工作和生活的需要。

【应用案例6-3】潘东椅

图6-9为丹麦著名工业设计师维奈·潘东（Verner Panton）设计的椅子，是现代家具史上一次革命性突破。它是全世界第一把使用塑料一次模压成型的S形单体悬臂椅，这款有机形式的椅子被命名为"潘东椅"。特殊的材料和工艺使潘东椅具有巧妙的外部形态，极具雕塑感的几何设计风格。

图6-9　潘东椅

课堂练习6-10：探索材料和工艺

1.准备纸张、金属丝、布料、木条、美工刀、剪刀、编织绳、粘接材料（热熔胶枪、胶带纸、胶水或双面胶等）、切割垫板等材料和工具；

2.从纸张、金属丝、布料、木条中任选一种材料；

3.制作一个球体，可以是空心或实心球体；

4.总结球体的制作工艺，分析材料、工艺和形式的关系。

提示：新材料和新工艺的出现往往带来形式的创新。

第三节　数字化基本知识

数字化的概念最早来自计算机，因为计算机采用0和1的信号进行通信，因此计算机对社会的应用被称为数字化，也称为计算机化或信息化。随着计算机行业的进一步发展，计算机网络随之出现，而后出现了连接全世界的互联网。计算机、网络和互联网带给世界翻天覆地的变化，也给设计行业带来了巨大的影响。

计算机辅助设计源于20世纪60年代，这个时期的辅助设计以二维绘图为主。20

世纪70年代，计算机辅助设计系统开始应用于飞机制造领域，提高了飞机设计中对曲线与曲面的处理能力，飞机设计方案的三维模型开始用计算机来表现。20世纪80年代初期，计算机辅助设计系统进一步发展，这类软件已经可以进行三维造型、自由曲面设计和有限元分析等操作，极大提高了设计师的工作效率。20世纪80年代中期，计算机辅助设计系统开始了参数化设计理论的研究与应用。20世纪90年代，建筑师开始对参数化设计在建筑设计领域的应用进行探索。

随着计算机和网络的快速发展，各种行业应用软件也随之出现。这些应用软件的界面需要设计，为用户提供了使用的便利。网页设计、软件界面设计应运而生。平面设计的应用领域扩展到新涌现的各类数字媒体中，尤其是各类虚拟环境的设计。各类智能电子设备的出现，进一步扩大了工业产品的设计范围，产生了新的设计领域——交互设计。

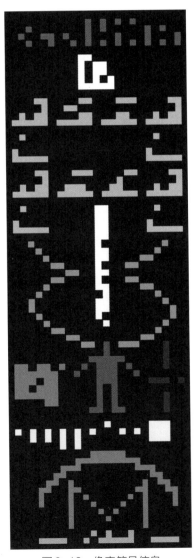

对于设计师而言，一些基本的数字化概念需要掌握，如像素、矢量图、位图、图层等。掌握这些概念有助于设计师有效利用各类数字化工具软件。

像素是指位图中单独的点，是一个极小的方块，是计算机屏幕上最小的显示单元。

计算机像素画就是利用像素进行绘画的一种形式。

早期计算机屏幕的分辨率较低，屏幕表面排列的像素形成分割均匀的细小网格。对这些像素进行简单的涂色，形成简单的图标或图像。

1974年，天文学家利用位于波多黎各山脚下的阿雷西博天文台的巨型无线电望远镜将一组信息射向了距离地球2.5万光年的一群名为"梅西耶13"（Messier 13）的恒星。这组信息旨在远程呼叫外星生命（图6-10）。

像素画充分体现了计算机的内部原理，具有独特的信息化风格。今天的设计师依然在利用网格，创造像素画风格的作品。

"像素化"与"像素画"是两个完全不同的概

图6-10　像素符号信息

念。"像素化"是加工图像的一种方法，将清晰的照片或插画图像实现模糊化的效果。

像素画和像素化都是现代设计师必须理解并掌握的技能，通过像素画和像素化，可以使作品具有别出心裁、幽默风趣的特色。

课堂练习 6-11 制作像素画

1.准备网格纸、白纸、铅笔、直尺、三角板、圆规、橡皮擦、彩笔等材料和工具；

2.选择网格纸或用白纸自制一张网格纸；

3.用铅笔或彩笔涂抹网格纸上不同的格子，绘制一幅像素画；

4.说明制作完成的像素画作品的含义；

5.总结像素画的特点。

提示：设计师可以将像素画作为一种复古风格来使用。

矢量图的组成对象具有独立的属性，如颜色、形状和大小，可以被编辑和重新组合。文件相对较小，易于存储和传输，且图像质量不会因放大而降低，适合制作标志、字体和插图，不适合制作具有复杂色彩变化的图像。

位图是由像素点构成的图像，每个像素包含颜色信息，当放大位图时容易失真，文件相对较大，且不易于编辑。位图可以表现复杂颜色变化的图像，适合制作高质量的图像。

课堂练习 6-12：体验矢量图与位图

1.打开电脑，搜索其中的图片文件；

2.分别打开位图和矢量图文件；

3.分别对两类文件使用放大和缩小功能；

4.观察两类图片放大和缩小的操作后发生的变化；

5.总结分析两类文件的特点。

提示：放大或缩小图片，观察矢量图和位图的变化情况。

图层是计算机辅助设计软件中一个重要概念，也是理解和使用各类数字设计工具的先决条件。图层里含有图像、文本、符号、表格等元素，不同的图层可以按顺序叠加在一起，也可以根据需要对某个图层进行单独编辑。所有的图层组合起来形成最终的设计效果。

课堂练习 6-13：体验设计软件中的图层

1.打开电脑，选择一款设计软件；

2.打开设计软件的编辑功能；

3.选择单独某个图层，编辑图层上的元素；

4.选择多个图层进行删除、叠加以及融合等操作；

5.总结分析设计软件中图层的特点。

提示：图层是各类设计软件的基本概念，需要理解其原理。

第四节　数字化与设计流程

产品设计的流程一般包括需求调查、概念构思、模型制作、样品生产、评估修改、批量生产等主要流程，这些流程与环节均由各类计算机技术提供支持。数字化工具对其中设计流程中的各个环节均产生了显著的影响。

产品设计流程始于需求调查环节。传统的需求调查大多采用发放纸质问卷和当面访谈两种形式。

随着网络技术的普及，电子问卷逐步替代了纸质问卷，网络访谈也逐步代替了当面访谈。电子问卷和网络访谈提高了需求调查的效率，缩短了需求调查的时间。此外，很多网站自动收集用户浏览、使用和购物信息，再通过大数据技术分析出特定用户群体的特征。

课堂练习 6-14：熟悉电子问卷制作

1.选择一款常用的电子问卷系统；

2.设计问卷的内容主题和选项，设置调研主题和选项；

3.通过手机或电脑发布电子问卷；

4.收集电子问卷的反馈结果，总结电子问卷的特点。

提示：准确捕捉用户的需求是产品成功的必要条件。

设计师完成需求调研后，开始了概念设计环节。这一环节对于所有的设计师均是挑战。数字化工具在概念设计环节同样能发挥巨大的作用。以计算机辅助设计系统（CAD）为代表的各种数字化辅助设计工具极大提高了设计师的工作效率，也带来了很多产品创意灵感。

随着人工智能技术的快速发展，一些计算机辅助设计系统已经可以根据设计需求，完成初步的概念设计。

概念设计需要大量相关案例。传统设计中查找案例费时费力，数字化的案例资源很好地解决了这个问题。作为现代设计师，需要熟悉数字化设计资源的检索和使用。用于小组激发灵感的头脑风暴等方法，也可以通过网络视频通信的方式替代。

课堂练习 6-15：探索计算机辅助设计系统

1. 选择一款常用的计算机辅助设计系统；

2. 熟悉图形编辑的基本功能；

3. 选择图片、文字、表格等素材文件；

4. 生成创意草图，根据反馈进行修改；

5. 总结计算机辅助设计系统的优缺点。

提示：创意和灵感来自人，计算机辅助设计系统可提高效率。

在产品设计流程中，模型制作与修改至关重要。传统的实物模型制作比较耗时，尤其是较为复杂的建筑与环境设计，模型制作的流程和周期都比较长。

数字化工具对于模型和样品制作产生了巨大的影响。3D打印技术可以快速构建各种实物模型。计算机建模软件可以快速生成数字虚拟模型，数字虚拟模型不需要任何实际的制作材料，可以反复进行修改，不仅节省了制作模型的材料，而且提高了模型制作的效率。计算机数字虚拟模型可以使用数字文件的形式，通过网络进行传送，有利于设计师与同行以及客户的沟通交流。

3D打印模型和数字虚拟模型各有优势，结合传统模型的使用，极大提高了设计师的工作效率。

课堂练习 6-16：制作数字虚拟模型

1. 准备计算机和建模软件；

2. 选择要建立的数字虚拟模型；

3. 运行建模软件，生成数字虚拟模型；

4. 将数字虚拟模型文件进行保存；

5. 分析数字虚拟模型的特点。

提示：计算机建模软件有多种，设计师应根据需要进行选择。

3D打印的制造过程是先通过计算机建模制作数字虚拟模型，再将建成的三维模型"分割"成逐层的截面，从而指导打印机逐层打印。3D打印与传统的通用模型制作不同，它无须机械加工或手工制作模型。

3D打印能够快速制作模型，例如，现代陶瓷行业已经开始用3D技术打印制作陶坯，预计未来3D打印还将进入陶瓷产品制作流程之中，从而改变现代陶瓷的行业面貌。

课堂练习6-17：探索3D模型打印

1. 准备好3D打印设备；

2. 选择已有模型或设计新的模型；

3. 使用3D打印设备，打印出模型；

4. 观察3D打印过程和模型，总结3D打印的特点。

提示：对比3D打印所用材料与实物模型材料的各自特点。

计算机和网络技术对于设计师的沟通方式产生了深刻的影响。过去的面对面的沟通逐步被远程视频、电子邮件、语音留言等替代，设计师不仅能够通过网络查找资料、查看设计案例，还能通过网络进行协作，实现团队设计的工作目标。

数字化工具不仅能影响产品设计的某个环节，而且可以帮助设计部门或设计师进行产品整个生命周期的管理，从产品规划、设计、制造、维护到废弃处理的全部过程。

建筑信息模型（BIM）就是其中一个典型代表，是在计算机辅助设计系统基础上发展起来的新一代数字化综合工具。建筑信息模型应用于建筑工程项目的规划、设计、实施、运营和维护等全过程，为项目各个环节的参与方提供数据与信息。建筑信息模型还可以作为建筑工程项目信息交换和共享的平台，促进了建筑项目规划、设计、施工、运营及维护团队的协作，提高了建筑项目管理的整体效率。

随着人工智能技术的发展，计算机辅助设计系统的功能将进一步提高，应用范围也将进一步扩大。未来的数字化设计工具不仅能够提高设计师画图、建模、测试等环节的工作效率，而且将为设计师自动生成初步的产品或项目的设计构思和方案，这将极大地提高设计行业的工作效率。计算机辅助设计系统与设计师的关系，也将由现在的"辅助"演变为未来的"协作"关系。

【本章小结】

第一节简要介绍了创新思维的基本知识以及常用方法，这些方法包括头脑风暴法、拼贴法、思维导图法、六项思考帽法、5W1H法、SCAMPER法等。简要介绍了这几种方法的实施步骤，初步掌握创新思维的应用路径。第二节简要介绍了设计师寻找创新灵感的若干途径，强调用户需求是所有创新设计的出发点，借鉴自然、跨文化交流、了解传统工艺（包括陶瓷、编织、印染、刺绣、剪纸等）、熟悉现代材料加工技术，均可以作为激发灵感的有效途径。第三节简要介绍了设计领域中数字化工具的发展、特点、类型及发展趋势。着重介绍了像素、像素画、位图文件、矢量图文件、图层等数字化工具相关的基本知识。第四节简要介绍了数字化工具在设计的需求分析、概念设计、模型和样品制作等环节的应用。

关键词

创新思维、创新来源、数字化设计工具、像素、位图文件、矢量图文件、图层、3D打印、计算机辅助设计系统、人工智能

本章作业

一、设计练习

（1）设计一款以传统吉祥图案为主题的手机壳。

（2）为某人工智能学院设计一个具有像素画风格的学院标志。

二、项目实践

鼠标是一种用于控制电脑屏幕光标移动的输入设备，而鼠标垫则是为鼠标提供平滑、稳定移动表面的辅助用具（图6-11）。

小组合作为常用的笔记本电脑设计一套有时代特色的鼠标和鼠标垫（图6-11）。

（1）对市场上流行的笔记本电脑、鼠标和鼠标垫进行调查研究；

（2）分析并明确用于笔记本电脑的鼠标及鼠标垫的功能、材质和形态需求；

（3）小组讨论并提出初步的产品概念设计；

（4）分别制作鼠标和鼠标垫的数字模型和

图6-11 鼠标和鼠标垫

简易实物模型；

（5）展示、调研、改进设计方案；

（6）制作演示文稿，进行项目的展示、汇报和交流。

三、思考与讨论

（1）举例说明仿生思想在设计中的应用，讨论仿生设计的优缺点。

（2）以具体设计项目为例，分别采用思维导图、5W1H、SCAMPER、六顶思考帽法等方法，进行产品概念设计，列出表格对比四种方法的异同。

（3）产品模型可以是简易实物模型、3D打印模型或数字化虚拟模型，思考并讨论这三种产品模型各自的特点与应用。

参考文献

［1］闻人军.考工记译注［M］.上海：上海古籍出版社，2008.

［2］计成.园冶［M］.南京：江苏凤凰文艺出版社，2017.

［3］潘吉星.天工开物译注［M］.上海：上海古籍出版社，2016.

［4］李诚.营造法式［M］.重庆：重庆出版社，2018.

［5］雷圭元，杨成寅，林文霞.雷圭元图案艺术论［M］.上海：上海文化出版社，2016.

［6］米歇尔·米罗.完美工业设计：从设计思想到关键步骤［M］.王静怡，译.北京：机械工业出版社，2018.

［7］维克多·J.帕帕耐克.为真实的世界设计：人类生态与社会变革［M］.周博，译.北京：北京日报出版社，2020.

［8］克里斯托弗·威廉斯.形式的起源：自然造物和人类造物的设计法则［M］.王亚瑾，译.杭州：浙江教育出版社，2021.

［9］徐恒醇.设计美学［M］.北京：清华大学出版社，2006.

［10］约翰·赫斯科特.设计，无处不在［M］.丁珏，译.南京：译林出版社，2015.

［11］保罗·克拉克，朱利安·弗里曼.设计［M］.周绚隆，译.北京：生活书店出版有限公司，2014.

［12］达尔，维尔德米斯特.人机工程学入门：简明参考指南［M］.3版.连香姣，刘建军，译.北京：机械工业出版社，2011.

［13］约翰·A.沃克，朱迪·阿特菲尔德.设计史与设计的历史［M］.周丹丹，易菲，译.南京：江苏凤凰美术出版社，2017.

［14］贝利，康兰.设计的智慧：百年设计经典［M］.唐莹，译.大连：大连理工大学出版社，2011.

［15］罗宾·兰达.视觉传达设计［M］.张玉花，王树良，李逸，译.上海：上海人

民美术出版社，2019.

［16］加文·安布罗斯，保罗·哈里斯.视觉传达的设计思维［M］.李淳，高爽，译.北京：中国建筑工业出版社，2017.

［17］约瑟夫·米勒-布罗克曼.平面设计中的网格系统［M］.徐宸熹，张鹏宇，译.上海：上海美术出版社，2016.

［18］金伯利·伊拉姆.网格系统与版式设计［M］.王昊，译.上海：上海美术出版社，2013.

［19］斯旺.英国平面设计基础教程［M］.张锡九，陈蒙，张卓，等译.上海：上海人民美术出版社，2003.

［20］勒普顿，菲利普斯.图形设计新元素［M］.张翠，译.上海：上海人民美术出版社，2009.

［21］周世荣，王跃.中国漆器图案集［M］.北京：人民美术出版社，2006.

［22］提姆·麦克雷特.设计的语言［M］.刘壮丽，译.沈阳：辽宁科学技术出版社，2015.

［23］外尔.对称［M］.冯承天，陆继宗，译.北京：北京大学出版社，2018.

［24］迈可尔·汉恩.设计的结构与形式：创新实践的关键要素［M］.王树良，译.北京：中国建筑工业出版社，2018.

［25］陆耀辉.传统纹样图典.边饰篇［M］.上海：上海辞书出版社，2012.

［26］帕多万.比例——科学·哲学·建筑［M］.周玉鹏，刘耀辉，译.北京：中国建筑工业出版社，2004.

［27］吉卡.生命·艺术·几何［M］.盛立人，译.北京：高等教育出版社，2014.

［28］程尚仁.几何图案组织［M］.北京：人民美术出版社，1979.

［29］李养成，郭瑞芝.空间解析几何［M］.北京：科学出版社，2004.

［30］伯努瓦·R.曼德布罗特.大自然的分形几何学［M］.陈守吉，凌复华，译.上海：上海远东出版社，1998.

［31］尼格尔·高尔顿，威尔·鲁德.分形学［M］.杨晓晨，译.北京：当代中国出版社，2015.

［32］罗伯特·韦斯伯格.如何理解创造力：艺术、科学和发明中的创新［M］.金学勤，胡敏霞，译.成都：四川人民出版社，2017.

［33］詹姆斯·C.考夫曼.创造力［M］.朱荔芳，李功迎，译.北京：人民卫生出版社，2017.

［34］彼得·埃森曼.现代建筑的形式基础［M］.罗旋,安太然,贾若,译.江嘉玮,校译.上海:同济大学出版社,2018.

［35］尼古拉斯·佩夫斯纳.现代设计的先驱者:从威廉·莫里斯到沃尔特·格罗皮乌斯［M］.何振纪,卢杨丽,译.杭州:浙江人民美术出版社,2019.

［36］杜海滨,胡海权,赵妍.中国古代造物技术史［M］.沈阳:辽宁科学技术出版社,2014.

［37］杰克逊.设计师必备的折叠技巧［M］.朱海辰,译.上海:上海人民美术出版社,2012.

［38］孙妍彦.美国艺术设计的教与学［M］.北京:高等教育出版社,2010.

［39］威廉·立德威尔,克里蒂娜·霍顿.设计的125条通用法则［M］.陈丽丽,吴奕俊,译.北京:中国画报出版社,2019.

［40］辞海编辑委员会.辞海［M］6版.上海:上海辞书出版,2010.

［41］海勒,尼可.灵感+:现代平面元素剖析［M］.马静,译.大连:大连理工大学出版社,2010.

［42］苏珊·科恩.追溯21位世界顶尖景观设计师的创意源泉［M］.云翃,译.北京:中国建筑工业出版社,2018.

［43］王志安.马家窑彩陶文化探源［M］.北京:文物出版社,2016.

［44］余继明.青花瓷片纹饰图鉴定［M］.杭州:浙江大学出版社,2007.

［45］于清华.英国陶瓷产品设计［M］.重庆:西南师范大学出版社,2017.

［46］路玉章.古建筑木门窗棂艺术与制作技艺［M］.北京:中国建筑工业出版社,2007.

［47］赵玉亮.剪纸艺术与工艺［M］.北京:高等教育出版社,2009.

［48］倪凤皋.中外剪纸艺术［M］.沈阳:辽宁美术出版社,2007.

［49］靳之林.中国民间美术［M］.北京:五洲传播出版社,2004.

［50］杨耀.明式家具研究［M］.北京:中国建筑工业出版社,2002.

［51］农先文.中西方椅子设计史:中国古典哲学视域下的椅子设计及其象征性(前33世纪—20世纪)［M］.武汉:武汉大学出版社,2018.

［52］王建军,钟厚冰,赵晓峰,等.交通标志设计理论与方法［M］.北京:科学出版社,2008.

［53］王洪义.公共艺术概论［M］.杭州:中国美术学院出版社,2007.

［54］翁建青.城市公共艺术:一种与公众社会互动的艺术及其文化的阐释［M］.南

京：东南大学出版社，2004.

［55］陈珉. 互动装置设计［M］. 北京：中国轻工业出版社，2014.

［56］杨华，任炳忠，高明武. 新媒体艺术之互动影像装置艺术［M］. 济南：山东美术出版社，2009.

［57］欧格雷迪. 信息设计［M］. 郭璁，译. 南京：译林出版社，2009.

［58］季茜. 数字时代的产品设计互动装置在产品设计中的应用［M］. 北京：中国建筑工业出版社，2017.

［59］王峰. 艺术与数字重构——城市文化视野的公共艺术及数字化发展［M］. 北京：中国建筑工业出版社，2003.

［60］王玉新. 数字化设计［M］. 北京：机械工业出版社，2003.

［61］尼古拉·尼葛洛庞蒂. 数字化生存［M］. 胡泳，范海燕，译. 北京：电子工业出版社，2017.

［62］纳迪亚·阿莫罗索. 现代数字化景观建筑［M］. 费腾，译. 北京：中国建筑工业出版社，2016.

［63］豪威斯塔德. 超越网格：建筑和信息技术、建筑学数字化应用［M］. 李飚等，译. 南京：东南大学出版社，2015.

［64］乌丁. 建筑设计数字化［M］. 张永刚，陆卫东，译. 北京：中国建筑工业出版社，2002.

［65］孙澄宇. 数字化建筑设计方法入门［M］. 上海：同济大学出版社，2012.

［66］尼克. 人工智能简史［M］. 北京：人民邮电出版社，2017.

［67］佩德罗·多明戈斯. 终极算法：机器学习和人工智能如何重塑世界［M］. 黄芳萍，译. 北京：中信出版社，2017.

［68］玛格丽特·博登. AI：人工智能的本质与未来［M］. 孙诗惠，译. 北京：中国人民大学出版社，2017.

［69］卡普兰. 人工智能时代［M］. 李盼，译. 杭州：浙江人民出版社，2016.

［70］陈岚. 平面与空间形式创新设计方法［M］. 北京：中国纺织出版社有限公司，2024.

致　谢

　　本书的完成离不开北京交通大学和建筑与艺术学院的资助和扶持，感谢各级领导和同仁对本书有关的教学和研究所给予的大力支持和无私帮助！

　　感谢历届选修"平面与空间形式创新设计方法"这门课程的各位同学！你们为这本书的写作提供了动力和方向。

　　感谢本书编辑朱昭霖老师的辛勤付出！

　　感谢我的家人和工作室的同事无条件的支持和鼓励！

　　同时向所有参考文献的作者表示诚挚的谢意！正是学习和借鉴了这些研究成果，拙著才得以顺利完成。

　　由于时间、精力和水平所限，书中必有错误和疏漏，敬请读者朋友们不吝赐教，批评指正。

陈岚

2025 年 2 月